教育心理学をきわめる 10のチカラ［改訂版］

古川 聡 編著

❶ 子どもの発達状況をとらえる**チカラ**
❷ 思春期の子どもを支える**チカラ**
❸ 多様な発達を受けとめる**チカラ**
❹ 学級をまとめる**チカラ**
❺ 勉強を教える**チカラ**
❻ やる気を高めさせる**チカラ**
❼ 的確な評価ができる**チカラ**
❽ 子どもの個性を把握する**チカラ**
❾ 子どもの悩みを理解しようとする**チカラ**
❿ 保護者に適切に対応する**チカラ**

福村出版

[JCOPY]〈出版者著作権管理機構 委託出版物〉

本書の無断複写は著作権法上での例外を除き禁じられています。複写される場合は，そのつど事前に，出版者著作権管理機構（電話 03-5244-5088, FAX 03-5244-5089, e-mail: info@jcopy.or.jp）の許諾を得てください。

はじめに　〜先生に求められるチカラとは何だろう〜

　今，学校や子どもたちにはどのような先生が求められているでしょうか。幼稚園児や小学校低学年の子どもなら，やはりやさしい先生でしょう。でも小学校の中学年頃からは，やさしいよりも平等公平に接すること，要するにえこひいきしないことが重要な要素になってきます。ところが中学生になれば，自分たちの気持ちをわかってくれる先生，高校生なら教え方が上手な先生が良い先生というように，子どもの発達段階に応じて求められる教員像も変わってくるのではないでしょうか。これに対して保護者のみなさんからは，小学校中学年以降は勉強をしっかり見てくれる教え方の上手な先生が期待されており，必ずしも子どもの期待と保護者の期待は同じとはいえません。

　しかしながら，そのような期待される教員像の基礎には，子どもたちの発達状況を理解したうえでの教育や指導，援助ができるチカラがあります。先生に求められるそのような基礎的なチカラには多種多様なものがあるでしょうが，教育心理学という視点でとらえると，それは10のチカラにまとめられると考えました。それを示したのが本書の10の章です。各章では，教育心理学の基本的な事項を整理しつつ，指導上のポイントを加えました。そのポイントをふまえて，教壇に立ったときに自分であればどのように対応するかを考えてみてください。また，各章の最初に，その章で学ぶキーワードとキーパーソンをあげてあります。このキーワードは10章全部で103になり，キーパーソンは35人です。いずれも重要な用語や人物で，教員採用試験でも頻出のものばかりです。本書の最後に「教育心理学のキーワード103をチェックしよう」と「教育心理学のキーパーソン35人をチェックしよう」というチェックリストを設けました。大学での期末試験や採用試験の勉強で，理解できているかどうかの最終チェックなどに活用してみてください。

　本書は，2000年に福村出版より刊行した古川聡編著『教職に活かす教育心理——子どもと学校の今』，さらには2006年に丸善より刊行した古川聡・福田由紀共著『子どもと親と教師をそだてる教育心理学入門』をふまえて，その内容を大幅に改訂するとともに，執筆者も若い方にお願いして新たに企画し直し

たものです。前著も実践的な教育心理学を志向したものでしたが，本書ではその意図をさらに押し進め，教員になるにあたってどのような資質やチカラを身につけておくことが重要かを前面に出し，それに必要な知識や理論を提供しながら実践力アップのための指導上のポイントを明らかにすることをめざしました。

執筆にあたっては，古川以外に8名の方にお願いをいたしました。大学で教育心理学の授業を担当しているか，教職課程や教員採用試験に造詣の深い方々です。章立て全般は古川が考え，各章の具体的な内容は執筆者にゆだねましたが，編集段階でことばの入れ替えや表現の修正等を編著者の古川が行ったため，内容に関する最終的な責任は古川にあります。学生のみなさん，そして教育心理学の授業をご担当の先生，さらには幼・小・中・高の各学校に勤務なさっている現職の先生にも本書をお読みいただき，忌憚のないご批評を頂戴しながら，さらに充実したテキストにしていきたいと考えております。

最後になりましたが，本書を出版する機会を与えてくださった福村出版編集部に心より感謝するしだいです。

2011年1月

執筆者を代表して　古川　聡

改訂にあたって

　本書『教育心理学をきわめる10のチカラ』を2011年に上梓して8年が経過し，第7刷まで重ねることができました。これも多くの大学でテキストとしてご採用いただけたためであり，心より深く感謝いたします。この間，教育界ではアクティブ・ラーニングの導入が強く叫ばれ，主体的に学習に取り組む態度など観点別学習状況の評価の観点も見直されました。さらに2018年に教職課程の再課程認定が文部科学省により教職課程を持つすべての大学等でなされ，新たに特別支援教育にかかわる授業を1単位以上開講することが必須となり，教職科目の再編もなされるなど，大きな変化が求められています。

　このような社会的なニーズに応え，さらには教職課程で学ぶ学生にとって教育心理学の学習がより充実したものになることを願い，初めて改訂を行うことにいたしました。とはいえ，本書の基本的な姿勢は初版の「はじめに」で述べたことと変わってはいません。新たに改訂版では「考えてみよう・話し合ってみよう」という欄を各章の終わりに設けました。アクティブ・ラーニングを強く意識したものです。比較的短時間で行えるものばかりですから，授業の合間に学生に課し，学生同士で意見交換などができるとよいと考えております。キーワードとキーパーソンも見直しましたので，勉強の参考にしてください。

　改訂にあたり一部の執筆者が交代しました。新しく加わっていただいた方々も，大学の教職課程で教育心理学などを担当し講義をなさっています。これまでの大学での授業を通して学生に伝えたかったこと，新しい時代に合った教育に関する知識などを，各章の内容に反映させてくださっています。『教育心理学をきわめるチカラ』は，まさに『先生に求められるチカラ』なのです。改訂した新しい本書をもとに，さらに深い学びにつなげていただければ幸いです。

　最後に，改訂版の出版をお認めいただいた福村出版編集部に心より感謝する次第です。

2019年1月

執筆者を代表して　　古川　聡

目　次

はじめに（3）

改訂にあたって（5）

第1章　子どもの発達状況をとらえる**チカラ** ……………… 11
1　人生の始まり（11）
2　発達におよぼす遺伝と環境の影響（16）
3　親子関係の形成（16）
4　認知の発達（20）
5　言語の発達（23）
6　遊びの発達（24）
7　描画の発達（26）
8　子どもの発達状況を理解するときのポイント（26）

第2章　思春期の子どもを支える**チカラ** ……………… 28
1　自己概念（28）
2　自己の発達（31）
3　青年期の現代的な区分（33）
4　青年期の不安定さを示す特徴（34）
5　心理的な安定に向けた青年の動き（36）
6　道徳性の発達（38）
7　社会的スキルの発達（40）
8　自分の人生を見つめる（42）
9　思春期の子どもと接するときのポイント（43）

第3章　多様な発達を受けとめる**チカラ** ……………… 45
1　発達障がい（45）

2　ADHD（46）

　　3　LD（50）

　　4　ASD（53）

　　5　発達障がいの二次障害（57）

　　6　発達障がいの子どもとかかわるときのポイント（58）

第4章　学級をまとめる**チカラ** ……………………………………… 60

　　1　集団とは（60）

　　2　学級集団の機能（61）

　　3　集団規範（62）

　　4　学級集団の形成プロセス（63）

　　5　教員が持つ影響力（66）

　　6　学級集団の理解とその具体的方法（69）

　　7　教員集団（73）

　　8　学級づくりのポイント（75）

第5章　勉強を教える**チカラ** …………………………………………… 78

　　1　いま求められている学力（78）

　　2　知能（82）

　　3　学習のメカニズム（85）

　　4　学習の基盤としての記憶（90）

　　5　主体的な学び（93）

第6章　やる気を高めさせる**チカラ** …………………………………… 95

　　1　動機づけについて（95）

　　2　動機づけと自律性（97）

　　3　認知が動機づけを変える（102）

　　4　知能観（106）

　　5　やる気を高める（108）

第7章　的確な評価ができる**チカラ** ……………………… 111
1　教育評価とは（111）
2　相対評価（115）
3　絶対評価（118）
4　個人内評価（121）
5　評価の機能（123）
6　評価のためのデータ収集（125）
7　評価を歪める人的な要因（128）
8　評価をするときのポイント（129）

第8章　子どもの個性を把握する**チカラ** ……………………… 132
1　個性とは何か（132）
2　性格の形成（134）
3　性格の理論（137）
4　性格のとらえ方（140）
5　不適応（145）

第9章　子どもの悩みを理解しようとする**チカラ** ……………… 149
1　なぜ心理臨床を学ぶのか（149）
2　見立てることの役割（150）
3　信頼関係づくり（153）
4　さまざまな心理療法（156）
5　構成的グループ・エンカウンター（160）
6　連携（162）
7　悩む子どもとかかわるときのポイント（164）

第10章　保護者に適切に対応する**チカラ** ……………………… 165
1　コミュニケーションとは（165）

2　さまざまなタイプの保護者を理解する（168）
　3　信頼関係を築くために（173）
　4　保護者への対応（178）
　5　保護者に適切に対応するためのポイント（183）

　引用・参考文献（184）
✓**教育心理学のキーワード 102 をチェックしよう**（191）
✓**教育心理学のキーパーソン 39 人をチェックしよう**（194）
　人名索引（195）
　事項索引（197）

第1章
子どもの発達状況をとらえるチカラ

　子どもの成長は早い。今はどのような段階にいるのか，何を考えながら行動しているのか，どのような支援を必要としているのかなどを的確に把握していなければ，子どもの発達に即した教育は行えない。まずは，あなた自身がこれまで歩んできた道筋を思い起こしながら，親子関係，認知，言語を中心とした発達過程を理解してほしい。

> **キーワード**
> 生涯発達，発達曲線，発達加速現象，インプリンティング，アタッチメント，シェマ，自己中心性，アニミズム，保存，喃語
> **キーパーソン**
> スキャモン，ローレンツ，ボウルビィ，サイモンズ，ピアジェ

1 人生の始まり

a 生涯発達という視点

　発達とは，心身の機能が年齢とともに向上する過程をさす。ただし，発達の中には成熟と成長という2つの側面がある。成熟は遺伝的に組み込まれたプログラムに従って発現する変化で，成長は身体面での量的増大を示す用語である。
　この発達という概念は，年齢にともなってさまざまな機能が向上していくプラスの面だけではなく，加齢による機能の衰退というマイナス面も含めた総体的変化としてとらえることが重要である。しかも，ある機能が衰えても，別の機能が補償的に作用することもある。したがって生涯にわたる変化の過程を多次元的にとらえる必要性が指摘されたことから，バルテス（Baltes, 1987）

は従来の限定的な側面を示した発達という用語の代わりに**生涯発達**という表現を用いたのである。

　人生をライフサイクルとしてとらえたエリクソンや各発達段階における発達課題をあげたハヴィガーストらの研究も，生涯発達という観点でとらえることの重要性を物語るものといえよう。その結果，われわれが生きている今を境として，これまでに培ってきた知識や技能の蓄積という過去の自分と，これから起こるであろう変化を見すえた将来の自分，この両方を考えながら積極的に生きる姿勢の意義が，これまで以上に明確になったのではないだろうか。

b　胎児期の変化

　受精卵は直径 0.2mm，重さ 0.0004mg という大きさであるが，細胞分裂を繰り返す中で2カ月頃までには脳の基本構造が完成する。6カ月頃になれば脳の表面にも溝ができ始めて人間らしい脳が形成され，その後も体格全般で量的増大が続いていく（表1－1）。

　妊娠初期には脳と心臓という生存にとって不可欠な要素が形成され，中期には屈伸運動や眼球運動が起こるとともに，外界の音に反応するようになる。さらにこの時期には母親が胎動を感じるようになるため，母親としての意識が急

表1－1　胎児期の発達過程と母体の身体的・心理的な変化

	妊娠初期 （2～4カ月）	妊娠中期 （5～7カ月）	妊娠後期 （8～10カ月）
身　長	約15cm	約25cm	約50cm
体　重	約120g	約1000g	約3000g
身体的および心理的な特徴	心臓も動き，頭と胴の区別ができ，内臓がほぼできあがる。外性器の形から性別がわかる。	顔立ちがはっきりし，産毛や爪が生える。聴覚機能が整う。	骨格や内臓が完成し筋肉も発達する。
母体の身体的・心理的な変化	つわりが起こる。生活様式を改めることが求められ，心理的にも不安定になる。	下腹が膨らみ始め，胎動も感じる。母親になるという実感や喜びを持つ。	心臓や胃が圧迫され，体重が妊娠前より10kgほど増える。精神的には不安定になる。

速に高まる。母性的な養育を行う源が，この胎児期にあるといえる。

　ところで，妊娠初期の10〜13週頃，胎児のうなじを超音波検査で診察することで，ダウン症など染色体異常の可能性がある程度わかるようになった。出生前診断と呼ばれる。確定診断には羊水検査が必要であるものの，障害の有無の可能性を出生前に知ることができる反面，このことはわれわれに命の選別という重い課題を突きつけた。夫婦がどのような選択をしても，それを社会全体が受け入れてサポートしていく体制が必要となっているが，この点が現在では十分に整備されているとはいえない。

c　新生児の特徴

　誕生してから最初の1カ月が新生児期である。誕生時の平均体重は約3200g，平均身長は約50cmである。

　この時期，正常な新生児には原始反射が起こる。具体的には，手のひらを刺激すると握りしめる把握反射，唇を指で触るとその方向に唇を突き出す口唇探索反射，口の中に指を入れると吸いつく吸啜反射，体の支えを突然なくして驚かせると両手を左右に広げてから自分の体を抱きしめるような動作をするモロー反射，足の裏側を刺激すると指を扇状に広げるバビンスキー反射などである。このような原始反射は生後4〜5カ月頃に徐々に消失するのが一般的であるが，反射自体が起こらなかったり，消失せずに残存している場合には中枢神経系の障害が考えられることから，発達状況を診断する目安ともなっている。

　新生児は1日の半分程度を眠って過ごす。睡眠と覚醒の交代を何回も繰り返す多相性睡眠である。しかも，通常の眠りであるノンレム睡眠と急速眼球運動が起こり夢見と関連するレム睡眠に分けてみると，新生児の眠りの半分はレム睡眠で，年齢とともに睡眠時間全体の減少とレム睡眠の割合の低下が起こる。3カ月頃には夜間に8〜9時間眠り，昼間も決まった時間に眠るという生活パターンができあがり，5歳頃におとなと同じ単相性睡眠に移行する。

　乳児の笑顔はかわいい。おとなは思わず微笑み返し，抱こうとしたり，声をかけたりする。このような誕生後すぐに現れる微笑みは，誘発する外的刺激がないのに起こることから自発的微笑，あるいは生理的微笑と呼ばれる。しかし生後3カ月を過ぎる頃から，人の顔らしきものが見えたり，声をかけられると

微笑む社会的微笑に変化する。声を出して笑うようになるのは4～5カ月以降である。この微笑みは，たとえ自発的微笑であっても，おとなを引きつけ，自分の生存の可能性を高めるように作用する。さらに社会的微笑は施設で育った子どもでは現れにくい。つまり，微笑む－おとなからの反応を得る－満足するという連鎖を通して子どもは社会と積極的にかかわろうとしているが，施設ではその連鎖が起こりにくくなっていると考えられる。

　一般に，動物は留巣性と離巣性に分けられる。前者は妊娠期間が短く，多産で，子は未熟な状態で生まれるのに対して，後者は妊娠期間が長く，子の数は少ないものの運動能力などがかなり成熟した状態で生まれる。進化にともない，高等な動物ほど離巣性になる。このような分類をもとに考えると，ヒトは高等動物と自負しているものの，未熟な状態で生まれてくるという矛盾した特徴を持っていることがわかる。ポルトマンはこれを生理的早産あるいは二次的留巣性と呼び，他の高等動物と同等の運動能力を獲得するのは1歳前後であることから，誕生からの1年間を子宮外胎児期と位置づけた。

d　発達の原理

　発達は一定の原理に従って進む。たとえば，頭部から脚部，中心部から周辺部という方向性がある。反復性という原理について見ると，身長の伸びが著しい伸長期と体重増加が著しい充実期が交互に現れて成長することがわかる。すなわち，1～4歳が第一充実期，5～7歳が第一伸長期，8～12歳（女子では8～10歳）が第二充実期，13～16歳（女子では11～14歳）が第二伸長期，17～18歳（女子では15～16歳）が第三充実期で，その後に成熟期に至る。このように第二充実期からは女子のほうが身体発達が速く進むこと，それにともなって女子のほうが精神的な面でも早熟であることがわかるだろう。

　発達が均一の速さで進まない異速性という原理を**発達曲線**（図1－1）によって示したのが**スキャモン**である。リンパ型は胸腺やリンパ節，神経型は脳や脊髄，一般型は呼吸器や循環器，骨など，生殖型は睾丸，前立腺，子宮，卵巣などの変化を示している。図中の12歳頃の思春期に入る頃の状況を見てほしい。リンパ系の免疫機能が過剰なほどに充実し，脳の重さも成人の95％程度に達しているものの，体格面は未だ発達途上であり，生殖器官は未発達である。つ

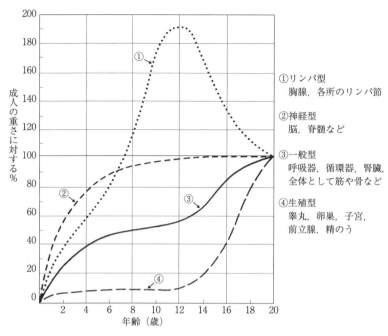

図1−1　スキャモンの発達曲線（Scammon, 1930；山内, 1989）

まり，発達の段階ごとに必要とされる面が充実していくという変化の結果が発達曲線なのである。

e　発達の時代性

　発達は，身体面でも心理面でも，その人が生きている時代と無縁ではない。どのような時代に生きていたかが発達に多大な影響をおよぼす。その代表例が**発達加速現象**である。これは，身体発達が時代とともに，かつ都市化が進んだ地域のほうが農村部よりも早まる現象で，身長や体重などの増加を表す成長加速と，初潮の低年齢化などの成熟前傾の2つの面を持っている。中でも初潮年齢は，ワイシャクとフリッシュ（Wyshak & Frisch, 1982）の研究によれば，欧米の平均値が1800年は約17歳，1900年は約15歳，1980年は約13歳半というように著しい前傾を示している。体格が向上し性的成熟が始まれば，自分は子どもではなくおとなだという意識を持ちがちである。この発達加速現象は

子どもたちの自己意識を大きく変えさせ，結果として青年期の開始を早めたのである。

2 発達におよぼす遺伝と環境の影響

生後初期に何らかの理由で人間社会を離れて，独力または動物によって育てられた子どもを野生児という。遺伝的には人間でありながら，他の人間との社会的関係を持たないあるいは持とうとしない，言語を持たない，直立二足歩行ができない，感覚に異常なほどの鋭敏さを持つ，食習慣に偏りがある，泣いたり笑ったりしないなどの特徴がある。環境の重要性を物語る事例である。

発達は，親世代から受け継いだものが現れるだけではなく，生後の環境の影響を加味しながら相互作用の結果として顕在化していくのが現実である。かつてゲゼルは，一卵性双生児の階段上りの実験結果をもとに遺伝や成熟が発達を規定すると考え，その逆にワトソンは，環境を変えれば望み通りの人間をつくることができると豪語したりした。しかし，このような単一要因で発達をとらえることはできず，両者の相互作用があってこその発達だと考えられるようになった。その初期には，遺伝と環境の影響を加算した結果が発達だとシュテルンが輻輳説を唱え，その後ジェンセンは環境の質が個々の特性が発達する際の閾値をなすとする環境閾値説を主張した。遺伝的な可能性を持っているだけではなく，どのような環境に置かれて育ったかが重要だというのである。

3 親子関係の形成

a インプリンティング

離巣性のヒナ鳥は，孵化後に初めて出会った動く対象に追従する生得的な反応を有している。これがローレンツの命名した**インプリンティング**という現象である。自然界で最初にヒナ鳥が出会うのは親鳥であることから，自己の生存にとって必須の能力であるといえよう。

しかしながらヒナ鳥に鳥の模型を見せる実験をすると，その動く対象と出会う時期がインプリンティング形成にとって重要な要因となっていることが明ら

かになった。臨界期あるいは敏感期と呼ばれるもので，ヘス（Hess, 1958）の古典的な研究の結果によれば，インプリンティングが起こりやすいのは孵化後10〜17時間の間に出会った場合で，それより早くても遅くても起こりにくい。このような臨界期は，鳥がさえずりを習得する場合や，子どもが視覚機能を獲得する場合などにも起こりうる。

b　アタッチメント

　ボウルビィは，子どもとおとなの間で形成される情愛的な結びつきを**アタッチメント**（愛着）と呼んだ。特定の人物との接近や接触がアタッチメント形成の前提となる。子どもからの反応の対象が不特定多数から母親など特定の人物に向け焦点化され，その養育者を安全の基地として使いながら探索を始めることが可能になる。

　親子間にどのようなアタッチメントが形成できているかを調べるには，エインスワースが開発したストレンジ・シチュエーション法を用いるとよい。これは，おもちゃで母子が遊んでいる実験室内にストレンジャー（見知らぬ人）が入室し，その後2回の母親の退室と再入室のときの子どもの行動を調べる実験方法である。実験の結果は大きく3つの群に分けられる。A群(不安定−回避型)は，母親への接触・接近が少なく，分離や再会でも明確な反応も少なく，母親からの働きかけを避けるように行動する。B群（安定型）は，母親への接近・接触が多く，分離では悲しみの表情を，再会では歓迎の行動を示す。安定したアタッチメントが形成できているからこそ起こる反応である。C群（不安定−抵抗／両価型）は，強い不安を示し，分離では強い悲しみ，再会では喜びと同時に親への怒りや不満をも示す。106名の子どもを対象としたエインスワースら（Ainsworth et al., 1978）の研究結果では，A群が22％，B群が66％，C群が12％であった。この割合は国によって大きく異なっており，社会文化的な要因もアタッチメント形成にかかわっていることが示唆されるものの，欧米でA群の増加傾向が認められることも指摘されており，今後の推移が注目される。

　アタッチメントを考えるときにスキンシップの重要性を物語る代理母実験がある。子ザルを母親から分離させ，哺乳瓶のついた布製または針金製の代理母と呼ばれる模型と一定期間過ごさせた後，2つの代理母のどちらも選択でき

る状況に置いたところ，最初に授乳を受けたものとは関係なく布製の代理母に接触している時間が長いことがハーローの実験から明らかになった。このことは，空腹を満たすという一次的動因の低減よりも接触にともなう安心感，安全感こそが重要であることを示している。

アタッチメントが形成された時期に人見知りも起こる。生後6カ月頃になると始まり，見知らぬ人や物に対して示す不安や恐怖反応で，8カ月頃に頻繁に認められることからスピッツはこの現象を8カ月不安と呼んだ。人見知りが起こるのは，主たる養育者など特定の人物を認識し識別できたこと，その人物に対して全幅の信頼感を感じていることなどが背景にある。ただ，初めて扇風機を見ただけでも泣き出したりすることから，見慣れないということこそが不安の源にあると考えられる。

c　生態学的発達理論

最初に母親を主とする親子関係ができあがり，子どもたちがかかわる社会も年齢とともに徐々に拡大していく。このことをブロンフェンブレンナーは生態学的発達理論で説明している。ここでは，子どもをとりまく環境をシステムという階層構造でとらえている。発達の初期はもっとも身近な母子関係のようなマイクロシステムの中で生活しているが，家庭や学校などのメゾシステム，個人に影響を与える環境といったエクソシステム，社会全体の流れや考え方などのマクロシステムへと発達とともに広がり，そして時間経過の中で起こるさまざまな出来事などのクロノシステムも多大な影響をおよぼしている。個人はそのシステムの中で役割や規範を内面化しており，環境がいかに重要であるかを示唆している。このような考えを踏まえ，アメリカではヘッドスタート計画という名のもとで，低所得者層など環境に恵まれない子どもに積極的に教育を施して就学までに簡単な読み書き，計算などができるようにする働きかけが続けられている。

d　親の養育態度

サイモンズは，1939年に発表した著書において，親の養育態度を支配－服従と受容－拒否という二次元で表し（図1－2），支配的で受容的な溺愛，支

配的で拒否的な残忍，服従的で受容的な放任，服従的で拒否的な無視の4つにカテゴリー化した。そのうえで，親が受容的な場合には拒否的な場合より，子どもは社会的に望ましい行動を多くとり，情緒的にも安定していること，支配的な場合は礼儀正しく正直であるが，自意識が強く内気であり，服従的な場合は不従順で攻撃的であるが独立心が強いと指摘した。親の養育態度が子どもの性格に影響

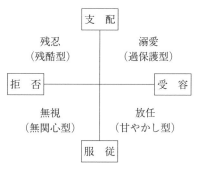

図1−2 サイモンズによる親の養育態度の分類

を与えるという画期的な研究で，この研究を基礎にした数多くの調査結果を概観した宮城音弥（1960）が，受容の代わりに保護という名称を用いて支配−服従，保護−拒否という二次元をもとに過保護型，残酷型，甘やかし型，無視型という4つのカテゴリー名を示したものが広く知られるようになった。

養育の仕方は単純に二次元で整理できるものではないかもしれない。家庭ごとに養育の仕方が異なるのは当然で，何が良い養育方法かを決めることはできないだろう。しかしながら，親が自らの養育方法を客観視したり，子どもが自分自身の育てられ方を振り返るのには有意義な研究である。そのうえで，自分自身が親になったときにどのような子育てをしたいかを考えてみることは，他者の子育てを間近に見る機会の少ない現代社会において必要なことではないだろうか。

e 母子相互作用

乳児は，自分に語りかける母親の顔をじっと見つめ，声に耳を傾け，手足を動かす。それに呼応するかのように母親も反応する。このような相互関係全体を母子相互作用と呼ぶ。とくにタイミングが一致した同調現象はエントレインメントと呼ばれ，アタッチメントを形成するのに大きな影響をもたらすという。

では，安定的なアタッチメントが形成されるのは生後8週から6カ月頃であるが，この1歳までの乳児期に温かい愛情に満ちた養育が受けられないと，子どもの発達にはどのような影響が生じるのであろうか。この時期の母子相互作

用の欠如をマターナル・デプリベーションという。母性的養育が欠如した状態で、心理的、身体的、社会的な発達に遅れが生じる。近年、虐待が大きな社会問題となっているが、これはマターナル・デプリベーションの最たるものといえよう。このマターナル・デプリベーションが背景となって、発達に遅れが生じるのがスピッツが指摘したホスピタリズムである。生後初期に親元を離れて施設への入所や入院をしなければならない子どもで認められる現象である。

一方、アタッチメントの対象が1人も存在しないと愛着障がいが起こる(Prior & Glaser, 2006)。その1つに反応性愛着障がいがある。5歳前に発症し人との関係をつくるのが著しく困難であるが、広汎性発達障がいとは異なること、虐待の中のネグレクトを受けたことが確実であることなどが診断の目安となる。サイモンズがいうところの支配的で拒否的な養育態度で育てられた場合、養育者と安定した関係をつくるどころか家庭が安全の基地になりえず、人を信頼することができなくなってしまい、愛着障がいに陥るのも当然の結果といえる。

4 認知の発達

a シェマの変容

認知発達研究の第一人者である**ピアジェ**は、外界をとらえる枠組みとしてのシェマが経験を通して変容する過程に着目した。シェマの変容は、同化と調節という2つの働きによって均衡化が図られ、その結果として認知機能が向上するという。同化とは、新しい経験をしたときに既存のシェマを優先させて、それに適合させるために経験を例外的なものととらえて内面化する働きである。これに対して調節とは、既存のシェマに合わない経験のほうを重視してシェマを新しいものに改めて内面化させる働きで、同化と調節の2つがバランスをとりながら適応していくことを均衡化と呼ぶ。これらの働きをもとに認知機能は4つの段階を経て成熟するというのがピアジェの考えといえる。

b 感覚運動期

誕生から2歳頃までに相当する感覚運動期では、反射を介して外界をとらえ、単一の同じ行動を反復する循環反応が起こる。生後4カ月頃までの第一次循環

反応では指をしゃぶったり体を動かすなど自分自身に向けた反応，8カ月頃までの第二次循環反応ではガラガラの紐を繰り返し引っ張るなど外部に向かった反応が起こり，さらに12カ月頃からは第三次循環反応に移行し，やや実験的な要素も加味されて多様な方法で試してみるなど外部への反応の再確認をするようになる。

　対象の永続性を獲得するのもこの時期である。乳児と交流するもっとも単純な方法は，いないいないバアをすることだろう。「いないいない」と言って隠れた顔が「バア」という声とともに再び出てくることに喜びを感じる。言い換えれば，見えなくなったら物はなくなったと考えている。しかし，見えなくなっても物はそこにあり続けることが生後8カ月頃からわかるようになる。対象の永続性が理解できたのである。

c　前操作期

　前操作期は2歳から6，7歳頃の幼児期に相当し，**自己中心性**が強い段階である。ピアジェは三つ山課題と呼ばれる実験を行って，この時期の子どもの心性を明らかにした。3つの山からなる模型を子どもに見せ，自分の位置から見えている風景と同じ俯瞰図を選ばせると正しく選択できる。しかしながら，別の場所から人形が模型を見ていると仮定させて俯瞰図を選択させても，自分から見えている風景の俯瞰図を選択してしまう。自分が見ている風景と，別の場所から他者が見ている風景の相違が理解できていない，いわば自分の見方がすべてといった段階である。

　さらに，幼児期特有の世界観を持っていることも大きな特徴で，すべてのものに意識や命があると考える**アニミズム**，夢で見たりテレビで見たりしたものはすべて世の中に実在すると考える実在論，すべてのものは人間が人間のためにつくったものだととらえる人工論がある。これらも自分の見方がすべてであるという自己中心性の現れといえる。

d　具体的操作期

　6，7歳から11，12歳の児童期は具体的操作期と呼ばれ，自己中心性から脱却することを主要な特徴とする。これが脱中心化である。脱中心化が図られる

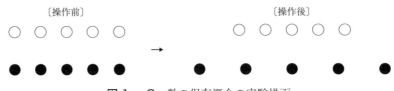
図1-3 数の保存概念の実験場面

ために獲得できる資質が**保存概念**である。子どもの目の前で配置や容器など見かけを変えて，物理量が同じかどうかの判断を求めると，前操作期の子どもは多面的に事態を考えることができないため，際立った変化をした側面のみにしか目が行かず客観的な異同判断ができなくなってしまう。これは保存概念が未獲得な状態である。しかしながら，具体的操作期に移行すると脱中心化が図られて，可逆性，相補性，同一性といった概念が理解できるために，見かけが変化しても物理量に変化がないことがわかる（図1-3）。ただ，すべての物理的概念が同時に獲得できるわけではない。具体的操作期の中であるものの，数の保存，量の保存，重さの保存という順序で獲得される。これをデカラージュの法則という。

　似たもの同士をまとめる力もこの時期に発達する。類概念という。食べ物，乗り物，動物という3つの概念からなる20枚のカードを自由に分類させると，幼い子どもは概念とは関係なくバナナとイヌを同じ仲間にしたりする。しかし，6歳頃を境に自発的に概念分けをするようになる（園原・宇地井，1957）。この同じ3つの概念に属する事物をそれぞれ赤，青，黄の3色のいずれかを使ってカードに記し，それを記憶させてから概念または色手がかりを与えて手がかり再生を行うと，前操作期の年少児では色手がかりが有効であるのに対して，具体的操作期に近づいた年長児では概念手がかりのほうが再生しやすいことが指摘されている（古川ら，1988）。

e　形式的操作期

　11，12歳以降，14，15歳頃までの形式的操作期には，具体物を離れて頭の中でことばによるイメージを操作することで多様な事態を比較検討することが可能になる。A＞BとB＞Cという2つの大小関係をイメージして，明らか

になっていない A と C の関係を推測する推移律も，実際に重さを変えた 3 つの模型を使えば正しく答えを導くことができる具体的操作期とは異なり，形式的操作期では模型なしで考えることができる。自分で仮説を立て，それを立証するにはどうしたらよいかを考え，仮説演繹（えんえき）の手段をとることもできる。理科の実験で，小学生は現象自体のおもしろさや不思議さに目が行くのに対し，中学生になるとその背後にあるメカニズムに興味や関心を持ち，どうしてこのような現象が起こるのかを解き明かせるような自分なりの検証実験を考案できることからも，具体的操作期と形式的操作期の相違がわかるだろう。

ただし，ピアジェの理論は前操作期の年齢の子どもの能力を過小評価しているという批判がある。加えて，形式的操作期以降のおとながみな仮説演繹という思考手段をとれるとは限らないことから，能力を過大評価しているという指摘があるのも事実である。

5 言語の発達

a ことばの芽生え

新生児は誕生と同時に叫喚音である産声をあげるが，これは肺呼吸が始まった証拠である。その後，生後 8 週頃から起こるのがクーイングと呼ばれるハトの鳴き声のような心地よさそうな発声である。25 週頃には同じ音の繰り返しからなる喃語（なんご）を発する。最初は「ババババ」「ボボボ」といった同じ音の繰り返しからなる重複性喃語であるが，しだいに「バボバボ」というような異なる音を含む非重複性喃語が起こる。

このような言語獲得に影響を与えているのが，おとな，主として母親が発する母親語である。マザリーズと呼ばれ，高い音で繰り返され，語句の反復が多く，語句と語句の間に長い間合いが置かれるなどの特徴がある。正高信男（1995）は，マザリーズの機能として，子どもの注意をより強く喚起すること，マザリーズを耳にしたときに子どもはポジティブな情動表出を頻繁に行うことが知られているように感情的な役割を果たすこと，音素および音節の正しい弁別を獲得するなど言語発達を促進する機能を持つことの 3 つをあげている。

こうして母国語の音韻や音節などを理解した子どもは，意味のあることばを

発する。これが初語で，1つの単語であることから一語発話，1つの単語で文章と同じ意味を果たしていることから一語文ともいう。10〜13カ月頃に起こるとされ，社会とかかわるうえで必須となる言語活動の第一歩になる。

1歳半頃には2つの単語を組み合わせた二語発話に移行し，ほぼ時期を同じくして「これ，なあに？」と物の名前を尋ねる命名期，2歳直前から3歳頃には「どうして，なぜ？」と物事には理由があることを知ったために素朴なものにも理由や原因を繰り返し尋ねる質問期が訪れる。

では，文字に関してはどうだろうか。国語研究所が行った調査（村石・天野，1972）によると，小学校入学までに大多数の子どもがひらがなを読むことができて，自分の名前もひらがなで書ける。半数は，絵本を1人で読むことや簡単なことばを書くことができる。親が積極的に教えようとしなくても，文字の持つ象徴性に子ども自身が気づき，興味や関心により短期間で覚えてしまうという。

b 言語の機能

言語には，伝達と思考という2つの働きがある。このことからヴィゴツキーは，音声をともない他者への伝達を目的とする言語活動を外言，音声をともなわず個人の頭の中だけで完結してしまう思考を目的とする言語活動を内言と呼んで両者を区別した。

では，幼児の発する言語はどのような機能を持っているか。当然ながら外言が多く認められる。ところが，子どもが集団場面で遊んでいる場面で互いにことばを発しているものの，その場にいる他者への伝達を目的としないことばもあることに気づく。これは，音声をともなうにもかかわらず機能としては思考に相当するもので集団的独語という。これは，外言が内言に移行する過程で生じる自己中心的な言語活動と位置づけられている。

6 遊びの発達

遊びは子どもにとって日常的な活動の大半を占める重要な活動である。それゆえ，社会性，言語，認知，動機づけなど多様な面に作用し，遊びを通して発

達が促されるともいえる。また癒しやストレス解消の効果も持っている。

　遊びの内容や機能のどこに注目するかによって，さまざまな分類方法が提案されてきた。有名なものにビューラー，パーテン，そしてピアジェの3つがある。ビューラーは，手足を動かして楽しみ音を聞いてそれを探索するなどの機能的遊び，さまざまな役割を演じながら体験するごっこ遊びをする虚構遊び，絵本を見て覚えるなどの獲得遊び，積み木や粘土で何かをつくる製作遊びの4つに分けた。これは，子どもが遊びを通して何を体験するかという視点に立った分類である。

　パーテンは遊びが社会性の発達に関与するという考えから，保育園での子どもの遊びを観察し，2～3歳だけに見られるとりとめのない遊び，2～3歳までに多い一人遊び，2歳半頃の時期に多い傍観者的遊び，2～3歳で多く見られる並行遊び，4歳児でとくに見られる連合遊び，3歳以下では起こりにくい協同遊びという6つを想定した。並行遊びとは，砂場で他の子どもと一緒に同じ遊びをする場合で，道具の貸し借りは起こるものの，他の子と交流するわけではない。連合遊びは，類似の遊びをしながら，遊びに関する会話や道具の貸し借りが多く起こる。協同遊びは，複数の子どもが一緒に何かをつくったりゲームをしたり，集団生活を劇化したりする遊びである。発達的に見ると，3歳頃を境として遊びの質が変化していることがわかる。

　知的能力の発達にかかわると考えたピアジェは，2歳頃までに起こり体を動かすことで快感を得るような実践的遊び，2～7歳頃にごっこ遊びなどで真似をして遊ぶ象徴的遊び，7～11歳頃に行うルールを持った規則的遊びをあげている。

　しかしながら近年の子どもの遊びは質的に激変しており，上述した分類にはあてはまりにくい。子どもが数人集まっても，以前のように鬼ごっこやかくれんぼをするのではなく，ゲーム機を使って別々に遊んでいる光景をよく見かける。集団での遊びを通して培われるはずの社会性をはじめとする資質，この獲得を協同遊びや象徴的遊びの代わりに今後はどのような場面にゆだねていくのかが教育的な課題といえる。

7 描画の発達

　描画も遊びと同様に，自分の欲求の赴くままに自己を表現する手段である。1歳の誕生日を迎えた頃，子どもたちはクレヨンやマーカーを手に持って自発的に絵を描くようになる。手の動かし方，モチーフの描き方などをもとに，描画の過程は3段階に分けるのが一般的である。

　最初は1～2歳頃のなぐり描き期で，描くこと自体に喜びを感じている。象徴機能が発達すると，描いてできたものに命名することもできる。次が図式画期と呼ばれ4～7，8歳頃に相当する。この時期の特徴の1つが頭足図である。線に加えて円を描くことができるようになったことから，大きな円の中に小さな円を2つ描き，そこから線を4本出して手足とする。また，自分が知っていれば見えていないものまで描くこともある。透視画と呼ばれ，片目を閉じた人の顔を描いて「これは写真をとっているところ」などと言ったりする。最後に迎えるのが写実期で，自分が知っていることと見えていることを分けることができず，見えていないものまで描いてしまうそれまでの知的写実主義から，知っていることとは別に今の自分に見えているものだけを描く視覚的写実主義への移行が起こる。8歳過ぎのことである。

8 子どもの発達状況を理解するときのポイント

　第1章では子どもの発達過程を見てきたが，多くの研究で指摘される平均値は果たしてどれくらいの意味を持つのだろうか。身長，体重といった身体面でも，独り立ちができた時期や初語を発した時期などの心理面でも，一人ひとりの時期はみな異なる。平均値をとればある1つの数字になり，もとのデータを見るとその平均値を示した子どもの頻度はもっとも高いことが多い。しかしながら大多数は，平均値とは異なるその前後に分布している。言い換えれば，平均値で全般的な姿は把握できるものの，一人ひとりを理解するときには平均値は単なる参考データでしかない。これは発達の原理の1つの個人差という特徴である。

心理学では，他の科学と同様に，データを効率よく表現するのに平均値を用いる。しかしながら，誰一人として同じ人間はいないように，心理的な特性も一人ひとりみな異なっていることを忘れてはならない。乳幼児の発達研究で多大な研究成果をあげたブラゼルトンも，「正常な赤ちゃんでも一人ひとりみんな違っていてとてもユニークだ」(Brazelton, 1969) と述べているように，平均値で大まかな予想はしつつ，1人の子どもをしっかりと見る目が求められている。

　教育に携わる者にとっては，一人ひとりの今の状況を的確に把握しつつ，今の状況に至るまでの過去にも目を向け，これから迎える将来をも見すえた対応が期待される。子どもをゆで卵にたとえることがある。中心にある黄身が子どもの本質的な部分で，これは時代が変わっても大きく変化しない部分である。これに対して白身の部分は環境の影響を受けて大きく変化しうる部分である。おとなは，「今の子どもたちは」ということばを使って自ら世代の断絶を行おうとするが，黄身の部分に目を向ければ昔も今も大差はない。白身の部分にばかり目を奪われてはいけない。そのためには，平均的な発達像の把握，必ずしもそれにとらわれない多様な発達の受容，個性としてのそれらの理解の3つを心がけ，人生の先を歩んでいる者として最小限のアドバイスができる力を身につけることではないだろうか。

考えてみよう・話し合ってみよう ①

　発達にともなって期待される教員像は異なります。幼稚園児，小学生，中学生，そして高校生を想定し，良い先生とはどのような先生か，そうなるためにはどのような工夫や努力が必要かを考え，グループで意見交換をしてみてください。

第2章
思春期の子どもを支えるチカラ

　思春期はサナギの時代と呼ばれる。幼虫のように動き回ることもなく外見上の変化は少ないが，内面では成虫に向けて劇的に変化し続けている。その時期の子どもとかかわるときには，彼らの世界をどこまで理解できるかが重要な要素となる。自分らしさを見つめ，自分は誰なのかを自問自答し悩んでいる姿に共感しつつ，おとなとして彼らにどのようなアドバイスをするかを考えてみよう。

> 🔑 **キーワード**
> 　自己概念，反抗期，同一性，モラトリアム，理想自己，疾風怒濤，境界人，発達課題，心理的離乳，道徳性
> 👤 **キーパーソン**
> 　エリクソン，ハヴィガースト，フロイト，ピアジェ，コールバーグ

1　自己概念

a　自己と自我

　われわれは自分は何者かと考えることがある。そのとき，自分のことを考えている自分と，自分によって考えられている自分がいることに気づく。前者を**自我**，後者を**自己**といい，自我が考えた自己の内容を**自己概念**という（図2－1）。自己概念には，所有物から考えた自己である物質的自己，他者からどのように見られているかというイメージなど社会の中での自分にかかわる社会的自己，さらには性格や得意，不得意など自分自身でとらえた自分に関する精神的自己という3つの内容が含まれる。これらは，自己の主観的な内容である個人的アイデンティティと外から見た客観的な内容である社会的アイデンティティ

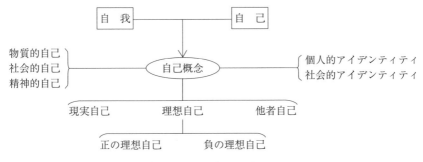

図2-1 自己概念を構成する諸要因 (古川, 1998)

という2つに分けることもできる。

b 自分というものの発見

　自分というものを見つけるには，自己の客観視が必要となる。生後数カ月が経った頃，乳児は自分の手をしげしげと眺めたり動かしたり握ったりする。これはハンドリガードと呼ばれる行動で，この手は自分の体の一部であるという初歩的な感覚を抱くきっかけとなる。身体的自己の芽生えともいえよう。しかしながら，この時期の子どもに鏡に映った自分の姿を見せても，それが自分だとはわからず，自分の鏡映像を触ろうとしたりする。鏡映像が自分そのものだと判断できるのは1歳半頃になる。

　言語発達の特徴の1つである命名期は1歳半頃に起こると第1章で述べたが，物だけではなく人にもそれぞれ名前があることを知り，1歳過ぎには自分の名前を呼ばれれば返事ができ，さらに1歳半頃には自分の名前が言えるようになる。名前を間違えられると怒ることからもわかるように，名前も自己概念を形成する主要な要素となっている。

　性意識も自己概念を形成する。自分は男だ，私は女だという意識を性同一性と呼び，2〜3歳頃には自分の身体的特徴，着る洋服の種類，遊び方などをもとに性別を理解する。こうして性同一性が形づくられると，行動面での性差が拡大し，性役割も急速に獲得されていく。

　このように，乳幼児期に始まる自己の最初の発見は，外から見える身体的な面である。発達にともない自他の分化がなされ，しだいに子どもたちは自分の

内面に目を向けるようになっていく。心の発達とは，子ども時代にこのような自己に気づき，その自己を青年期，成人期，そして老年期に至る一生涯をかけて自ら育てていく過程にほかならない。

c　2つの反抗期

　自己を育てていく中では，どうしても他者との関係が重要になる。その1つの現れが**反抗期**である。人生において，意図的であろうとなかろうと，人は2回の反抗期を経験する。2歳頃に起こる第一反抗期は，自分を意識し始めたことがきっかけとなる反抗で，自我の芽生えによるものと位置づけられる。おとなから見れば能力の限界を超えたものまで自分でやろうとし，無理だと言われてもかたくなに自己主張を繰り返す。親の援助を拒否し，激しく感情を表出する。このような姿が親には反抗的に見える。しかも反抗の対象となるのは母親が大半で，育児不安に陥る原因の1つともなる。このような子どもには，親という他者にもそれぞれ自分とは異なる考えがあり，つねに自分の欲求が実現できるとは限らないことを，繰り返し伝えるような対応が求められる。それが自己中心的思考からの脱却につながっていく。

　一方，思春期に起こる第二反抗期は，意図的な反抗である。急速な身体発達により自信が生まれる反面，社会に対する理解は未熟で，思い通りに社会は動かず心理的な摩擦を起こす結果，さまざまな反抗的行動を起こす。教員や親の指示を無視したり，社会的な慣習を無意味なものと否定したりする。暴走行為や青年特有の文化なども含まれる。このような時期には頭ごなしに否定するのではなく，プライバシーを守りながら社会のありようを丁寧に伝えることが必要になる。彼らの主張に耳を傾け，意図するところを理解し，頭ごなしに否定して自尊心を傷つけることがないように丁寧に対応することを心がけながら，本音と建前，大人社会のありよう，社会の中で自己をどのように主張すれば受け入れられるのかなどについて真摯に繰り返し，かつ対応するおとなが自分自身のことばで語りかけていく姿勢が必要になる。

　このような特徴を考えると，幼児が親子という一心同体の状況から脱して少しだけ自分の世界を持とうとするときに第一反抗期が現れ，児童期は少しずつ脱却が進みながらも安定したときを過ごす。思春期に入って完全に親の支配か

ら脱却しようと意図的な行動に出た結果から第二反抗期が起こると考えると，2つの反抗期を通した親子関係の発達的変化が見えてくる。

2 自己の発達

a エリクソンの発達理論

　エリクソンは，人生はつねに変化をしながら次の段階への進むものと考え，今の段階の発達が次の段階の発達に影響をおよぼすとした。これが人生をライフサイクルとしてとらえた理由である。そして人生を8つの段階からなるとして，それぞれの段階で経験する心理社会的危機を示した（表2-1）。彼の考えは，繰り返し現れる危機を乗り越えつつ自我が発達にともなって徐々に，別の言い方をすると漸成的に進行するとしたことから漸成説とも呼ばれる。

　これらの危機を乗り越えるには，各段階で重要な人物とどのようなかかわりを持つかがポイントになるという。たとえば，乳児期は母親的な人物との関係を通して人を信頼することを学ぶ。しかしながら，特定の人物とのアタッチメントが形成できなければ不信感しか残らず，結果として愛着障がいに陥らざるをえない。

　では，青年期はどうか。危機を乗り越えて信頼，自律性，自発性（積極性），

表2-1　エリクソンによる各発達段階の心理社会的危機

発達段階	心理社会的危機	心理的な特徴
乳児期	信頼対不信	母親的人物を通して確立される
幼児前期	自律性対恥と疑惑	親的な人物が影響をおよぼし意思が育つ
幼児後期	自発性対罪悪感	家族を中心に目的意識などが培われる
児童期	勤勉性対劣等感	近隣や学校を基盤に，物をつくる行為を通して自信を得る
青年期	同一性対同一性拡散	仲間集団や外集団，模範となるモデルを通して自分を知る
成人前期	親密性対孤立	他者を通して愛情を学び，自分自身を発見する
成人後期	世代性対停滞性	家庭での分業と共同の中から世話をする意味を学ぶ
老年期	統合性対絶望	多様な人物との体験をふまえて人類の英知を学ぶ

勤勉性を順次獲得してきたものの，それまでの子どもとしての自分というとらえ方はもはや通用しなくなり，自己の存在基盤が揺らいでくる。このような青年期の危機は**同一性対同一性拡散**とされる。言い換えれば，青年には同一性を確立することが社会から求められている。同一性はアイデンティティとも呼ばれ，自分はどのような人物なのか，自分はこれからどう生きるべきか，自分は何になりたいのかなどを考え，今の自分としての答えを見出すことである。しかも，自ら選択したものが実現できるように，主体的に責任を持って実行できるかどうかが主要なポイントとなる。答えが見出せた状態を同一性確立，解決に至らず自己の喪失状態に陥っている場合を同一性拡散という。同一性を確立するためには，児童期までの自分と今の自分，そして将来の自分は同じ人間であり，連続した変化を遂げる1つの存在であることを明確に認識することが前提となる。

　しかしながら，同一性の確立は容易でない。深く考えずに表面的な同一性を確立するだけでは真の解決にはならない。危機を経験しないで一応の達成を遂げたこのような状態をフォークロージャー（早期完了）と呼んだのがマルシア（Marcia, 1966）である。一方，心理社会的危機を今まさに体験中の場合が**モラトリアム**である。モラトリアムは，本来は非常時における債務の支払い猶予を意味する経済学の用語であるが，一人前のおとなになるまでに心理的，社会的な責任や義務の遂行を猶予されている状態をさすことばとしてエリクソンが提案した。ただ，危機から目をそらして同一性の確立がままならない消極的モラトリアムだけではなく，解決に向けて多様な選択肢を検討しつつ努力しているものの同一性確立には至っていない積極的モラトリアムという状態もある。青年期にどのようなモラトリアムを過ごすかによって，その後に確立された同一性の内容と質が異なってしまう。

b　アドラーの発達理論

　エリクソンと同じくフロイトの弟子であったアドラーは，幼少期から声帯に痙攣（けいれん）が生じる病に悩んでいたが，それを自ら克服した経験を持っていた。このことから，身体的な弱点を器官劣等性と呼び，努力によって補えると考えた。そしてこれは身体器官の弱点のみではなく心理的な面を含めた劣等感にもあて

はまると主張したのである。つまり，自分は劣っているという劣等感を克服し優越感を追求しようとする意思こそが，発達の原動力になると考えたのである。彼の主張は個人心理学と呼ばれている。

3 青年期の現代的な区分

これまで青年期ということばを多用してきたが，果たして青年期とはいつ頃からいつ頃までをさすのか。かつては中学生から社会に巣立つくらいまでを想定した発達段階であったが，近年は青年期の実質的な拡大が著しい。その理由は，第1章で述べた発達加速現象により開始時期が早まっている一方で，高学歴化や晩婚化などが原因となって終期も遅くなっているためである。そのため，かつてのように中学生が青年前期，高校生が青年中期，大学生あるいは社会人に成り立てが青年後期という区分では現状を把握するのが困難になっている。そこで，比較的現代社会の実態に近い区分として加藤と高木（1997）の考えを紹介する（表2-2）。

a 青年前期

青年前期は思春期とほぼ同じで，小学校高学年から高校1年生頃に相当する。第二次性徴が始まるとともに第二伸長期を迎え，急速な身体発達が起こる。それまでは考えもしなかった性欲なども起こり，自分で自分の体を持てあましているような状況である。気持ちのうえではおとなに近づきつつあるが，精神的には未熟な面があり，その狭間で右往左往しているともいえる。第二反抗期が起こり，高校受験もあるため，青年期の中ではもっとも不安定な時期である。

表2-2 青年期の現代的な区分と特徴（加藤と高木，1997をもとに作成）

区　分	対応する年齢の目安	心理的な特徴
青年前期	11歳頃から16歳頃まで	自己の変化と動揺の時期
青年中期	16歳頃から20，21歳頃まで	自己の再構成の時期
青年後期	20，21歳頃から25，26歳頃まで	自己と社会の統合の時期

b 青年中期

　青年中期は，高校1年生頃から大学2，3年生頃まで，高校卒業の社会人であれば就職後数年を経た時期までである。精神的にも少し落ち着き，自分自身を少しだけ客観視することも可能になる。その一方で，大学生なら就職活動を開始するために自分の能力や興味に適した職業を考え，それに向かって動き始めなければならない。就職試験を受けても不採用になり，自信喪失や挫折（ざせつ）を味わうことも多い。社会人であれば，少しずつ増えてきた後輩に対して先輩としてどう振る舞うかで悩む時期でもある。

c 青年後期

　青年後期は，仕事にも慣れて社会人として生きる自分を肯定的に見つめながら，個人的には結婚を意識し始めたりする。これまでは3つの青年期の中でもっとも安定した時期とされてきた。しかし，モラトリアムの状態が長期化していること，社会経済情勢の変化により雇用形態が多様化し，卒業後の就職が簡単ではなくなったこと，自分自身の人生設計に対する意識が変化したことから容易に結婚できない男性と結婚を求めない女性が増加していることなどから人生の展望が得にくくなっている。そのために現在では従来ほどの安定した青年後期にはなっていない。

4 青年期の不安定さを示す特徴

a 現実自己と理想自己のズレ

　自分はどのような人物かを考えたときの「今のありのままの自分」に関するイメージが現実自己である。青年期，とりわけ思春期の頃は，自己を否定的にとらえがちで，理想の自分のイメージ通りでなければだめだとさえ考える。このような「こうなりたいと思っている自分」が理想自己で，来談者中心カウンセリングを創始したロジャーズによって指摘された概念である。ただし，理想自己の中には，「このような人になりたい」という正の理想自己と，「このような人にはなりたくない」という負の理想自己がある（図2-1）。

　青年前期の頃は，現実自己と理想自己の乖離（かいり）が大きい。だが，これは当然の

ことであろう。児童期までは自分の夢はそのまま実現できるかのように思っていたかも知れないが，青年前期に入り自分自身の能力や技量，他者の潜在力や可能性などを総合的に客観視することが可能になると，たとえ自分の夢であっても実現できそうなものもあれば，非常に達成が困難と思われるものもあることに気づかされる。言い換えれば，青年前期に理想自己の水準が急速に高まったためにズレが拡大したと考えるよりも，児童期と比べて現実自己の水準がまさに現実化したと考えたほうが妥当であろう。しかし青年中期から後期に進むに従って，能動的であれ受動的であれ現実を肯定し受容することができ，実現可能な理想自己を思い描くことによって乖離が縮小し，精神的な安定性が確保されていくと考えられる。

b　疾風怒濤の時代

青年は，あるときは自分は万能であると思っているものの次の瞬間には自分の無力さにさいなまれるというように，無気力と熱情，快と不快，自負と謙虚という対立する心理状態が交互に現れ，その不安定さの中にいる。このような激変する心理状態をホールは**疾風怒濤**（しっぷうどとう）と呼んだ。

では，本当に青年期は疾風怒濤という混乱に陥っているのだろうか。実際に疾風怒濤を経験している青年も多くいる反面，本人は疾風怒濤だといっているものの客観的に見てかなり安定した青年期を過ごしている青年もいる。このことは，疾風怒濤は主観的な現象であり，どのように現れるかは個人差が大きいことを示唆している。

c　境界人

中学生になると，子どもではないからということで交通機関の運賃はおとな扱いになり，自分でしたことの責任は自分でとりなさいと言われるように，子ども時代とは異なる扱いを受ける。その一方で，おとなには認められている喫煙や飲酒は法的に認められず，一般のおとなができることすべてが許されているわけでもない。このように，あるときは子ども扱い，またあるときはおとな扱いを受けることで，どちらの集団に属しているかが不明瞭（めいりょう）になっている。これがレヴィンのいう**境界人**，あるいは周辺人という特徴である。連続的に進む

発達的変化を段階的に進む社会制度に対応させるからには，その移行点で矛盾や混乱が起こるのは当然であろう。その混乱を長期化させずに次の段階に移行できるように援助することが，周囲のおとなに求められる。

5 心理的な安定に向けた青年の動き

a 青年期の発達課題

ハヴィガーストは，乳幼児期から老年期に至るまでの各発達段階で達成しておくことが期待される課題をあげている。その中の青年期の**発達課題**を示したのが表2-3で，身体的，心理的，社会的，文化的なものが含まれている。彼女によれば，課題を達成できると幸福になり，失敗すると不幸になり社会の中で認められず，その後の課題の達成も困難になるという。しかしながら，これらの課題は1940年代のアメリカの中流社会を想定したもので，現代社会にそのまま適用できる課題ではない。とはいえ，青年期をただ漫然と過ごすのではなく，今，自分は何を学び，何を獲得しておくことが望ましいかを考える手がかりにはなるだろう。

b 心理的離乳

子どもが自立するとは，親への依存から脱却することともいえる。簡単にいえば親離れであり，心理的な自立および情緒的な自律をホリングワースは**心理**

表2-3 ハヴィガーストが指摘した青年期の発達課題
(Harvighurst, 1943；山内, 1989)

(1) 両性の友人との新しい，成熟した人間関係を持つこと
(2) 男性または女性としての社会的役割の達成
(3) 自分の身体的変化を受け入れ，身体を有効に使うこと
(4) 両親や他のおとなからの情緒的独立の達成
(5) 経済的独立の目安を立てる
(6) 職業の選択とそれへの準備
(7) 結婚と家庭生活への準備
(8) 市民として必要な知的技能と概念の発達
(9) 社会人としての責任ある行動をとること
(10) 行動を導く価値観や倫理体系の形成

的離乳と呼んだ。具体的には，親への口答えや拒否など第二反抗期で起こる行動はみな心理的離乳の現れであり，これらは第一次心理的離乳と呼ばれている。しかし青年中期になり，一人暮らしをしていた大学生が実家に帰省して親と話をするときなど，親に心理的に接近したり親の考えが理解できるようになるなどの心境の変化が起こる。これは第二次心理的離乳と位置づけられており，親の立場や考えを理解し，受容できたことが背景にある。

c 親子関係の再構築

このような親子関係の変化と発展の過程をまとめたのが表2-4である。乳幼児期は，親へ依存するしかできず，しかも親という存在を客観視することもできない。それが児童期になると尊敬の対象として親を見つめ，親のようになりたいと考えたりする。しかしながら青年前期になると，自己意識の高まりに加え，親の過干渉，親の価値観の強要，周囲の過剰な期待など心理的圧力を受け，反発の段階に入る。第二反抗期が背景にあり，親子の会話が減少し，子どもの扱いに親が悩む時期でもある。

このような親子関係に大きな変化が現れるのが青年中期で，第二次心理的離乳の時期にあたる。同一性の確立に向けて自己を見つめる中で，親の立場や考え方，価値観などに目を向け，それらを理解できるようになる。そのために心

表2-4 親子関係の発展過程

発達段階	名称	特徴
乳幼児期	依存の段階	親への依存がすべてで，親という存在を客観視ができずに従属するだけである。
児童期	尊敬の段階	親を尊敬の対象としてとらえ，安定した親子関係が維持される。
青年前期	反発の段階	第二反抗期を背景とした第一次心理的離乳が起こり，強い反発が起こる。
青年中・後期	接近の段階	第二次心理的離乳により反発も弱まり，親の考えや期待に耳を貸すことができるようになる。
成人期以降	受容の段階	親が年老いるという現実を見て，それまでの親子関係をも含めたすべての受容がなされる。

理的に接近が図られる。青年後期にかけて，その接近の程度は徐々に高まりを見せる。成人期以降は，自分自身が反発していた頃の親の年齢に近づき，さらに今度は自分の子どもから反発を受けることで，自分と親，自分と子どもの親子関係を再確認する中で，年老いた親の受容がなされていく。

6 道徳性の発達

a フロイトの研究

道徳性とは，道徳的判断と道徳的行動の2つの側面からなる。高齢者に席を譲るという状況を考えたとき，譲ってあげたほうがよいと頭で考えるのは道徳的判断という側面であり，譲るという実際的な行動が道徳的行動となる。したがって，譲ったほうがよいと判断したものの席を実際に譲らなければ，その人は道徳的とはみなされないことになる。

精神分析学を創始した**フロイト**は，心の中に3つの部分を想定した。自分にとって都合のよいことを優先させるべきだという快楽原則に従おうと主張するイド，自己の欲求の充足だけを主張していては社会から疎外されてしまうと危惧して現実原則に従った行動をとるべきだと考えるエゴ（自我），そして幼児期からのしつけなどを通して獲得された道徳性の主要部分を構成するスーパーエゴ（超自我）である。この三者関係をもとにフロイトは道徳性の発達をとらえたのである。この三者関係の様子を，天秤をもとにした概念図で示したのが図2-2である。

われわれは，子どもでもおとなでもみな自分の欲求を優先したいという気持ちがある。つまり，年齢には関係なくイドが心の中で欲求充足を主張している。幼児期は，しつけが始まったばかりでスーパーエゴも未熟で，自己主張はしつつも客観的に判断を下せるようなエゴも十分に形成できていない。そのため，イドだけで行動しているような段階といえる（図2-2（A））。しかしながら自己の形成が進んだ青年期以降であれば，道徳性を形づくるスーパーエゴも判断を下すエゴも発達し，どのような行動をとるのが好ましいかを適切に判断できるようになるはずである（図2-2（B））。そして，あるときは自分の欲求を優先させ，またあるときは欲求を抑えて道徳的に行動することが可能になる。

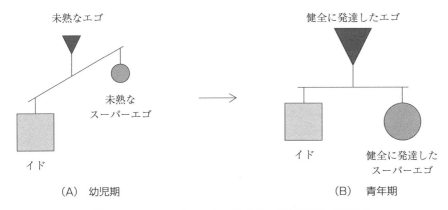

図2-2　フロイトによる道徳性の発達過程の概念図

b　ピアジェの研究

ピアジェは，幼児期から児童期までの子どもに紙芝居を見せて，道徳性の発達を検討した。具体的には，ふざけて室内を走っていたために皿を1枚割ってしまった子と親の手伝いをしていて間違えて皿を10枚割った子で，どちらがどうして悪いかの判断を求めたのである。その結果，前操作期の子どもは損害の大小に目を奪われてしまい，手伝いをしていた子のほうが悪いと考える。これを結果論的道徳判断という。しかしながら，具体的操作期になると脱中心化が図られたことから，目には見えない行為者の意図や目的，そこに至った経緯などを判断材料にすえることができ，ふざけていた子のほうが悪いという動機論的道徳判断に移行する。これは，道徳的判断の根拠が自分以外のものにある他律から，自分自身の考えが根拠となる自律への移行ともいえる。

c　コールバーグの研究

このピアジェの研究をもとに，さまざまな年齢層に対する調査研究をもとに道徳性の生涯発達を検討したのがコールバーグである。彼は，多様な判断が可能なジレンマ事態を提起し，そこでの判断と根拠をもとに6つの段階を経て道徳性は発達すると主張した（表2-5）。

ガンで死にかかっている人の命を救うことを優先させるか，その治療薬を売って利潤を得ている人の商売を優先させるかというように，解決策が1つ

表2-5 コールバーグによる道徳性の発達段階の特徴

水　準	道徳性の6つの段階の基本的な特徴
水準1 前慣習的水準	段階1『他律的な道徳性』：罰を回避し権威に対して盲目的に服従することが正しいと考える
	段階2『個人主義的な道徳性』：マイナスの結果を最小限に，プラスの結果を最大限に実現することが正しいと考え，ギブ・アンド・テイクの原理に従う
水準2 慣習的水準	段階3『対人的規範の道徳性』：期待される役割に従うことが正しく，「世間の目」を気にして「よい子志向」が強い
	段階4『社会システム重視の道徳性』：社会秩序を保つことを志向する
水準3 後慣習的水準	段階5『人権と社会福祉の道徳性』：一般的な権利や幸福を守るような行動を正しいとみなし，最大多数の最大幸福を志向する
	段階6『普遍性を持つ一般的な倫理原則の道徳性』：社会的な取り決めや法律を正当化する手続きを重視して行動しようとする

に決まらず，多様な判断が起こりうるようなジレンマ事態を提示したのである。もしも自分がこのジレンマ事態を解決するとしたらどのような方法をとるか，その理由は何かを考えてほしい。すると，多様な解決策が想定され，たとえ解決策は同じでも理由はさまざまであることにも気づくだろう。当然ながら自分と他者でも判断基準，判断結果は異なるにちがいない。意見が異なったとき，自分の判断基準は何なのか，相手の判断基準と同じかどうか，別の判断基準はないかなど，客観的で柔軟な思考ができるかがおとなとして問われる。

7 社会的スキルの発達

　おとなになるとは，社会の一員となることと言い換えることもできる。社会の一員であるためには，他者と有意義な関係をつくり，それを維持発展させていくことが重要な側面となるであろう。そこで求められる資質が言語的あるいは非言語的な他者とのかかわり方，つまり社会的スキルである。

a 自己開示と自己呈示

　初対面の人に出会うと，われわれは互いに自己紹介をする。これを自己開示という。もしも自分がそのような場にいたら，相手にどのような情報を発信するだろうか。相手の年齢や性別，興味や関心などをふまえて，その人物に理解できるような表現を用いなければならない。しかも，自分を良く見せようとして自己アピールをするだろう。そのため，自分のすべてを語る必要はなく特定の面だけを強調することもできる。

　自分自身に関する情報を相手に伝える一般的な自己開示に対して，自己をより良く見せようという意図を持った自己開示は自己呈示と呼ばれる。とはいえ実際とは大きく異なる内容の自己呈示では，信頼を失うことにつながりかねない。そこで適切かつ効果的な自己呈示を行うには，曖昧なことばを避け一貫した表現が求められることから，深い自己理解が前提となるのである。

b ナナメの関係

　人間関係は，タテの関係，ヨコの関係，ナナメの関係の3種類に分けられる。一般的に児童期までは，自分を中心に親やおとななどのタテの関係と友だちを中心とした同世代のヨコの関係しかなかった。タテの関係からは有益な情報や指示を得ることができる反面，やや命令的な意味合いが含まれるために経済的なこと，進路のことなどでは，この関係の相手に子どもは相談を持ちかける。一方のヨコの関係は，自分の気持ちを非常によくわかってくれる反面，経験不足から必ずしも有益な援助にはならない。

　ところが思春期に入った頃，とくに中学校で運動部に入った場合など，先輩，後輩という新しい上下関係を経験する。ただし，上下関係といっても，児童期までのタテの関係とは異なる。ほんの数年であっても自分よりも先に人生を歩んでいて，経験も少し多いのが部活の先輩であろう。このような人物との関係はナナメの関係という。ナナメの関係では，自分の気持ちもわかってくれ，ほんの少しでも人生のアドバイスがもらえることから，思春期以降で非常に大きな意味を持つ人間関係となる。

8 自分の人生を見つめる

a 関係発達

われわれには，親に育ててもらっている子ども時代，親となり子どもを養育する時代，子離れした段階など果たすべき役割を基準としたいくつかの段階を経験しながら老いていく。ところが，われわれの親もじつは同じ過程を経験してきたのであり，さらにわれわれの子も同じ過程を経験して成長していく。この育てられる者から育てる者という役割の交替に着目したのが関係発達という視点である（図2-3）。

育てられる役割を担っている者は，社会でのしきたりや社会通念，地域の慣習や風習，習得しておくべき技能や資質，価値観や倫理観など広範囲にわたる事柄を，さまざまな場面で育てる側の親から伝えられてきた。それを実践の中で使い，活かしていくことが，育てられた者に期待されている。そして次には，自分自身が親から伝えられたことを，次の世代である子どもに伝えるという役割を担わなければならない。育てられる者からスムーズに育てる者に移行できるような家庭環境をつくることが必要になっている。

b 人生の満足度

自分の人生を振り返り，どの程度満足できたか，あるいは不満足であったか

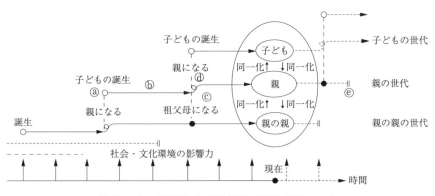

図2-3 関係発達の概念図（鯨岡と鯨岡，2001）

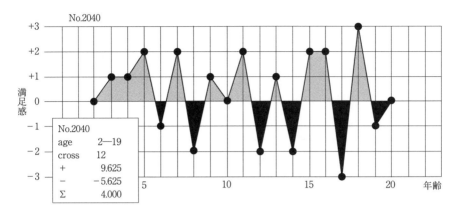

図2-4 人生満足度曲線の例（福田・古川, 2007）

を図に示したものが人生満足度曲線（福田・古川, 2007）で，各年齢における満足感を＋3点から－3点までで自己評定し，それを結んだ折れ線グラフである（図2-4）。これまでにはうれしかったり自慢できるような出来事もあれば，悲しくつらい経験もあったはずである。それらを思い起こしながら満足度を自己評定する作業は，これまでの人生を総括することになり，それはこれからの人生を展望することにもつながる。

9 思春期の子どもと接するときのポイント

　第2章の前書きにおいて，思春期はサナギの時代だと述べた。おとなから働きかけても，第二反抗期を迎えた彼らは黙っていたり，部屋に閉じこもってしまい，何を考えているのかわかりにくい。エネルギーが自己の内面に向かったこのような状況が起こったら，それは同一性確立に向けた第一歩といえる。健全な発達を遂げている証拠である。

　彼らがもっとも重視するのは何か。まずはプライバシーであろう。プライバシーを損なうような対応は厳に慎まなければならない。ヨコの関係も重要で，自分の友人が否定されたり拒絶されたりするのは，自分自身が否定されたのと同じ意味を持っている。おとなの論理を声高に主張しても，主張すればするほど耳を貸さなくなる。公平に扱ってくれるかどうかも重要なポイントである。

そこで，彼らと有意義な関係をつくるために心がけておきたいのは，彼らの言いたいことをじっくりと聴く態度であろう。しかも否定や肯定をすることなく，認めてあげることである。そのうえで，大人社会にこれから入ろうとする彼らに，「こうしたらどうだろう」「このようなやり方はどうだろう」というような提案という形でわれわれおとなの考え方を伝えるのも1つの方法である。

考えてみよう・話し合ってみよう ②

　自己を正しく把握できてこそ，的確な自己紹介につながります。では，教育実習の初日の職員室，担任をするクラスでの初日のホームルームの時間，さらには教員に採用された後の最初の保護者会で，あなたはどのような自己紹介をしますか。実際にその言葉を書き，グループの前で読み上げて意見交換をし，どのような自己紹介が求められているかを考えてください。

　ヒント：聞き手が自分に関してどのような情報を求めているかを考えることがポイント。経歴なのか，抱負なのか，好みなのかなど。

第3章
多様な発達を受けとめるチカラ

　授業中じっと座っていられない。知的発達に遅れはないにもかかわらず特定の科目だけが極端にできない。友だちと人間関係をつくるのがきわめて不得意である。このような子どもたちが直面する学校生活や対人関係でのつまずきに，どのように対応していけばよいだろうか。本章では，ADHD，LD，ASDをとりあげ，その特徴と支援のあり方について考える。

> **🔑 キーワード**
> 発達障がい，ADHD（注意欠如・多動症），実行機能，LD（学習障がい），限局性学習症，ディスレクシア，ウェクスラー式知能検査，K-ABC心理教育アセスメントバッテリー，ASD（自閉スペクトラム症），アスペルガー症候群，心の理論
> **👤 キーパーソン**
> ウェクスラー，カウフマン夫妻

1　発達障がい

　発達障がいとは，精神面，運動面の発達遅滞や障害を示す幅広い概念で，①通常，乳幼児期や児童期にその症状が現れる，②中枢神経系の機能障害を原因とする，③一過性ではなく安定した経過をたどる，という共通した特徴を持つ。症状が特定の発達障がいと類似していても，成人後の脳機能障害を原因とする場合や，家庭環境や精神疾患が原因で一時的に症状が現れているような場合には発達障がいに含めない。本来の発達障がいは，知的障がい，脳性麻痺，広汎性発達障がいなど多くの疾患や障害を含むが，教育現場では一般に，ASDのうち知的障がいをともなわないもの，ADHD，LDをさすことが多い。

全国の公立小中学校において，知的発達に遅れはないものの学習面，行動面において上述した3つの発達障がい的な特徴を示す児童生徒について調査した結果，これらの特徴を持つと担任教員が回答した児童生徒の割合は，通常学級在籍者の6.5％にのぼることが明らかとなった（文部科学省，2012）。担任教員がこれら児童生徒の行動面や学習面の困難を把握していたにもかかわらず，その4割弱（38.6％）はとくに何の支援も受けていなかったことから，発達障がいのある児童生徒への支援体制が十分には整っていない現状が明らかとなった。発達障がいと診断される児童生徒にはどのような特徴があり，どのような支援が求められているのか。これらについて理解を深めることが，現職の教員，さらには教員をめざす者に求められている。

　なお，障害ということばについては，「害」の字が負のイメージをもたらすという意見から「障碍」あるいは「障がい」と表記することが多くなっている。本書では，このような社会的状況をふまえて，人をさすものは基本的にはすべて「障がい」と表記する。さらには略称を主として用いるようにした。

2　ADHD

a　ADHDとはどのような障害か

　気が散りやすい，落ち着きがない，順番を待つのが難しい。これらは，就学前や小学校低学年の子どもであれば普通に見られる行動である。しかし，同年齢の子どもたちと比べてその程度があまりにもはなはだしく，日常生活や集団生活に大きな支障を来すような場合には，ADHD（注意欠如・多動症）の可能性が考えられる。発達障がいの医学的な診断には，アメリカ合衆国精神医学会が発行している『精神疾患の分類と診断の手引き』（DSM）が一般に用いられる。2013年に改訂されたDSM第5版（DSM-5）の日本語版（日本精神神経学会監修，2014）より，ADHDの訳語が注意欠陥／多動性障害から注意欠如・多動症（注意欠如・多動性障害）に変更された。DSM-5では，ADHDの中核となる症状として，表3-1に示すような不注意，多動性および衝動性の3つをあげている。

　ADHDと診断するには，上記のような不注意，または多動性と衝動性の症

表3－1　ADHDの診断基準となる中核的症状
（DSM-5をもとに作成）

症　状	具体的な特徴
不注意	注意の集中と持続が難しい。たとえば，作業が不正確である，話を聞いていない，順序立てて課題を進められない，物をなくす，忘れっぽい等。
多動性	落ち着かなくてじっとしていられない。たとえば，手足をそわそわ動かす，授業中に立ち歩く，場所をわきまえずに走り回る，しゃべりすぎる等。
衝動性	行動の抑制や我慢がききにくい。たとえば，質問が終わる前に答え始める，順番を待てない，人の話に割り込む，許可を得ずに他人の物を使う等。

状が同年代の子どもと比べて著しく，その状態が6カ月以上継続していること，症状が2つ以上の状況（たとえば学校と家庭の両方）で観察されること，その結果，日常生活や学校生活において著しい不適応を生じていることを確認しなければならない。以前は，症状のいくつかが7歳までに存在することとされていたが，DSM-5より症状の発現年齢が7歳から12歳に引き上げられた。

　ADHDの多くは，不注意と多動性／衝動性の両方の症状を示す混合型であるが，不注意のみが現れる不注意優勢型，多動性／衝動性のみが現れる多動性－衝動性優勢型も存在する。ADHDの症状は年齢により変化し，低学年のうちは混合型だった者が学年が上がるとともに多動を示さなくなって不注意優勢型になったり，多動性／衝動性の基準しか満たさなかった者に不注意の症状が目立ち始めて混合型に発展したりすることがある。ADHDの症状のうち多動性は学年が上がるに従って目立たなくなっていくが，不注意と衝動性は青年期以降も残ることがある。一般にADHDは女子より男子で多く，文部科学省の調査（2012）においても，通常学級に通う児童生徒がADHDの特徴を示した割合は全体では3.1％であるものの，性別では男子5.2％，女子1.0％で男子の割合が高かった。

b　ADHDの原因

　ADHDは，親の育て方やしつけを原因とするものではなく，中枢神経系の機能障害によって生じる。ADHD児（者）の生物学的な親，きょうだい，子どももADHDの特徴を示すことが多いことから，中枢神経系の機能障害の原

因として，遺伝的要因の関与が示唆されている。また，妊娠中の喫煙，飲酒，鉛などの神経毒の摂取，脳炎などの感染症，超低体重出生もADHDの危険要因となる。

　脳内の神経細胞間の情報伝達は，シナプスに神経伝達物質が放出されることによって生じ，放出された神経伝達物質が分解，再取り込みされることによって減弱する。神経伝達物質であるドーパミンの再取り込みを阻害する薬物はシナプスにおけるドーパミン濃度を上昇させるが，このようなドーパミン再取り込み阻害薬を服用するとADHDの症状が改善することから，ADHDの症状は脳内ドーパミンの機能低下によって生じると考えられている。

　ADHDの症状が前頭葉の機能低下によって起こる可能性も示唆されている。その根拠として，事故などで前頭葉を損傷した人が不注意や衝動性などADHDによく似た特徴を示すようになること，ADHDの人はそうでない人と比べて前頭葉の体積が小さいこと，前頭葉の活動が低いことなど複数の知見がある。実際ADHDの症状は，前頭葉が司るとされる**実行機能**の障害と重なるところが多い。実行機能とは，ある目標や計画の達成に向かって行動や思考をコントロールし課題を遂行する能力のことであり，実行機能が低下すると衝動的な行動が起こりやすくなったり，やりかけのことを忘れたりするなどの症状が現れる。アメリカの心理学者バークレー（Barkley, 1997）は，ADHDの本質は行動抑制の障害であり，これによって，ワーキングメモリ，内言，情動・動機づけ・覚醒の自己調節，再構築の4つの実行機能が働く前に行動が起こってしまい，目的にそった注意や行動のコントロールが困難になるとの見解を示している（表3-2）。

c　ADHD児への支援

　上述したように，ADHD児では実行機能がうまく働かず，注意や行動をコントロールすることが難しい。支援にあたっては，このようなADHDの特性を理解したうえで，それによって生じる困難を少しでも軽減できるようなアプローチをとる必要がある。

　そこで第一に必要とされるのは，授業や活動に集中して参加できるように，環境を整備したり指示方法を工夫することである。ADHD児は，刺激に対す

表3－2　ADHDで損なわれる実行機能の内容 (Barkley, 1997：近藤, 2000をもとに作成)

機　能	特　徴
行動の抑制	刺激によって誘発しそうになる反応を抑制したり，進行中の反応を停止させたりする力。この力が低下すると衝動的な行動が起こりやすくなる。
ワーキングメモリ	必要な記憶を一時的に保持しながら，同時に情報の処理も行う力。この力が低下すると，やりかけのことを忘れたり，忘れ物をしやすくなったりする。
内言	心の中で自分に向けた会話（思考）をする力。自分の行動をコントロールする手段として使用される。この力が低下すると，自己認識が弱くなり，ルールを守ることが難しくなる。
情動・動機づけ・覚醒の自己調節	気分を切り換えたり，やる気を起こして持続させたりする力。この力が低下すると，怒りの抑制が難しくなったり，すぐやる気をなくしたりする。
再構築	一連の行動を分解し再び新しい行動の系列を組み立てる力。この力が低下すると，必要に合わせて行動や思考を柔軟に変えることが難しくなる。

る反応を抑制することが難しいので，黒板の周囲の掲示物等はなるべく減らし，窓際や後方の席は避けて前の方の席に座らせたほうが集中できる。また，ワーキングメモリの低下により長い指示が通りにくいので，「教科書30ページの図1を見なさい」ではなく，「教科書を出しなさい」「30ページを開きなさい」「図1を見なさい」と指示を短く区切り，実行を確認しながら進めるとよい。それでも実行できないときは叱るのではなく，「何をするのだったかな」と問いかけ，実行機能の内言を鍛えていくことも大切である。

　ADHD児に適切な行動を学習させ，不適切な行動を消去する行動療法（認知行動療法，応用行動分析），社会生活で必要な技能をロールプレイで学ぶソーシャルスキル・トレーニング，親や周囲の大人がADHD児の特性を理解し行動療法にもとづく適切なかかわり方を学ぶペアレント・トレーニング（親訓練）も有効である。ADHD児は行動抑制が苦手なので，適切な行動を教える際には，「〜してはダメ」という行動抑制型の指示よりも，「〜しよう」という行動促進型の指示のほうが通りやすい。衝動的に友だちを叩いてしまったときは，「叩いちゃダメ」と叱るだけなく，「友だちを叩きそうになったら，廊下に出て深呼吸しよう」と別の行動を提案し，それができたらほめるとよい。「〜しよう」という行動促進型の指示に切り替えることによって，叱られるよりも

ほめられる機会が増えるという利点がある。

　ADHDの症状は薬物によっても緩和できる。個人差はあるものの，治療薬の服用によって，授業中座っていられる，文字がきれいに書ける，忘れ物が減る，先生の声が届きやすくなるなどの改善効果が報告されている。日本では，ドーパミン再取り込み阻害薬のメチルフェニデート（商品名：コンサータ）のほか，ノルアドレナリン再取り込み阻害薬であるアトモキセチン（商品名：ストラテラ）が処方されている。2017年には小児ADHDの治療薬として，脳内のα2Aアドレナリン受容体を選択的に刺激し，脳内のシグナル伝達を強める効果があるグアンファシン（商品名：インチュニブ）も日本で認可された。ただし，これらの薬物は服用中の症状を和らげるもので，症状を根本から治療するものではない。副作用もあるため慎重な使用が必要であるが，ADHD児の適応を助ける補助的手段として，上記の心理教育的アプローチと併用されることが多い。

3　LD

a　LDとはどのような障害か

　国語や社会は得意だが計算がまったくできない。自分の意見を言葉でしっかり表現できるのに，文章を書くのが極端に苦手である。このように，知的な遅れがないにもかかわらず，特定の学習に著しい困難を示す状態をLD（Learning Disorders, Learning Disabilites）と呼ぶ。DSM-5では学習障害から**限局性学習症**に訳語が変更された。医学分野におけるLDは読字障がい，書字表出障がい，算数障がいの3つをさすが，教育分野におけるLDは，①全般的な知的発達に遅れがない，②聞く，話す，読む，書く，計算する又は推論する能力のうち特定のものの習得と使用に著しい困難を示す，③その原因として，中枢神経系に何らかの機能障害があると推定される，④視覚障がい，聴覚障がい，知的障がい，情緒障がいなどの障害や，環境的な要因が直接の原因となるものではない，というより幅広い定義がなされている（文部科学省，1999）。

　LDでもっとも多いのは読字障がいである。文字や文章を読む能力が年齢や知能から考えると非常に低い水準にあるため，学業面で大きな困難が生じる。

たとえば，1つの文字を判別するのに非常に時間がかかる，語句や行を抜かしたり繰り返したりして読んでしまう，「ぬ」と「ね」など似た文字を混同する，「エレベーター」を「エベレーター」のように文字を置き換えてしまうなどの症状が見られる。ほとんどの場合，読字障がいは，文字を書くことの障害である書字表出障がいをあわせもつ。書字表出障がいでは，文字を写すのに非常に時間がかかる，独特の書き順で書く，鏡文字を書く，漢字の偏とつくりを間違える，句読点を打つ場所が一般的でないなどの症状が見られる。知的能力や視聴覚に異常がないにもかかわらず，文字の読み書き学習に著しい困難を生じる障がいを**ディスレクシア**と呼ぶ。算数障がいもLDの1つで，簡単な暗算ができない，1cmは10mmというような単位が理解できない，繰り上がりや繰り下がりのある計算ができない，図形を正しく写せないなどの特徴がある。算数障がいはディスレクシアと合併して現れることが多い。

　文部科学省の調査（2012）では，通常学級に通う児童生徒がLDの特徴を示した割合は4.5％（男子5.9％，女子2.9％）で男子に多かった。ADHD児はLDを併発しやすいといわれており，同調査においても，1.5％がADHDとLDの両方の特徴を示す重複障害であった。

b　LDの原因

　このようにLDの症状は多様で，その対象をディスレクシアに限定しても，アルファベットを使用する文化圏と漢字を用いる文化圏で症状に違いが見られることから，他の障害と比べて中枢メカニズムの解明は遅れている。中枢神経系に機能障害が生じる原因としては，遺伝的要因のほか，妊娠中の喫煙，早産および超低体重出生などの影響が示唆されている。

　LDにおける学習困難の背景には，中枢神経系の機能障害を原因とする情報の認知過程の障害があると考えられる（図3-1）。たとえば，「ロケット」を「ラケット」と間違って読む場合には，「ロ」と「ラ」の文字の区別や聞き分け，「ロケット」という単語の音声の記憶や意味の理解，自分の読み間違いへの気づき（モニタリング）など，情報処理の問題を反映している可能性がある（高山，1998）。また，LD児では認知能力に得手不得手の大きな差が見られるため，その学習において必要とされる情報処理内容が言語的（文字や話し言葉の理解）

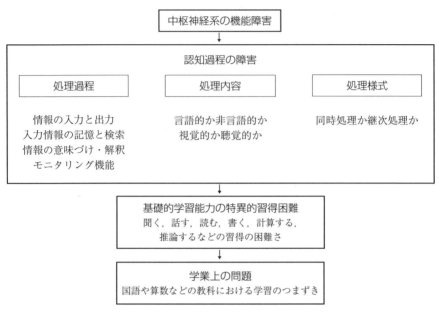

図3−1　LD児における認知過程の障害（高山，1998を一部改変）

か非言語的（状況や表情の読み取り）か，視覚的か聴覚的かによっても困難度が大きく異なってくる。加えて情報処理様式が，複数の情報を同時に全体として処理していく同時処理（図形の構成など）か，情報を一つひとつ処理していく継次処理（ことばの聞き取りなど）も影響する。

このような情報の認知過程の障害や偏りが原因となり，基礎的学習能力とされる「聞く」「話す」「読む」「書く」「計算する」「推論する」などの習得が困難となる。これらの結果として，最終的に国語や算数などの教科における学習上の困難が生じると考えられる。

c　LD児に対する支援

LD児の支援にあたっては，その子が示す学習困難の背景にどのような認知過程の特徴が存在するかを見極め，それに応じた対応を行っていく必要がある。そのような特徴を客観的に把握する検査として，**ウェクスラー**によって開発された**ウェクスラー式知能検査**の児童用（WISC）がある。第4版であるWISC

-Ⅳでは，言語理解，知覚推理（視覚情報処理），ワーキングメモリ，処理速度に分けて測定できる。また，**カウフマン夫妻**によって開発されたK-ABC**心理教育アセスメントバッテリー**の改訂版である日本版K-ABCⅡでは，知能を認知尺度（継次処理，同時処理などの認知過程）と習得尺度（数やことばの知識と読みの力）という2つの側面から測定できる。そのため，学習困難の原因となっている認知過程だけでなく，子どもが得意とする認知処理についても把握できるので，支援の仕方を考えるときに有益な情報源となる。

　ディスレクシアを例に考えてみよう。文章を読むのが難しい背景に，文字が二重にだぶって見える，文章の行が重なって見えるなど，視覚情報の処理過程の問題が潜んでいる場合には，行に定規を当てながら読む，一行おきに蛍光ペンで文章の上を塗るなどの方法が効果的である（品川，2003）。また，漢字を覚えるのが難しいという症状の背景には視覚的記憶の問題があり，聴覚的記憶での補償が可能な場合には，「圡」という漢字を「よこ，たて，よこながく」と音に変換して覚えるなど，得意な情報処理を活用する工夫が必要である。

　LD児は基礎的学習能力の習得困難を示すが，それは知的発達の遅れによるものではない。ディスレクシアの場合であれば，読み書きの障害によってすべての学習が阻害されないように，必要に応じて教科書を朗読したテープを渡す，試験のときは問題を読み上げる，試験で誤字や脱字があっても減点はしないなど特別な配慮が必要であろう。

4　ASD

a　ASDとはどのような障害か

　ASD（**自閉スペクトラム症**）とは，自閉症に類似した症状を示す発達障がいの総称である。一般に，表3-3に示した3つの症状が顕著で3歳以前から何らかの症状が見られるものを自閉症，自閉症の中で知的発達の遅れが目立たないものを高機能自閉症，知的発達と言語発達両方の遅れが目立たないものを**アスペルガー症候群**とする。医学的な診断基準であるDSMの旧版（DSM-Ⅳ-TR）では，自閉症とアスペルガー症候群を広汎性発達障がい（PDD）の下位分類と考えていたが，PDDは症状が共通しており，発達にともなって症

表3-3 ASDの3つの症状

症　状	具体的な特徴
社会性の障害	他者とのスムーズな交流が困難である。目を合わせる，親の後追いをするなど一連の愛着行動の発達に遅れが見られる。他者の視線，表情，身振り，感情などの読み取り，相手の視点で考えること，他者と体験や感情を共有することなどが難しい。
コミュニケーションの障害	言語の発達に遅れが見られ，話しことばが出始めた頃に，相手の発したことばのオウム返し（反響言語）が現れる。言語発達の遅れが目立たないケースでも，文字通りにことばを受け取る，ユーモアや冗談が通じない，文脈に無関係な発言をするなどにより，会話が成立しにくい。
興味の偏りと常同的・反復的行動	同じ物，同じ状態，同じ行動に対する強いこだわりが存在する。特定の物や限られた領域（電車や時刻表）に激しい興味を示すとともに，同じ行動や同じ手順を反復し，環境や予定の変更を極端に嫌がる。こだわり行動とも呼ばれる。感覚過敏や鈍麻，感覚刺激（匂い，触覚，光等）への並外れた興味が見られることもある。

状が変化することがあるため区別が難しかった。そこでDSM-5においては，PDDを症状の程度が異なる連続体（スペクトラム）としてとらえ直し，自閉症やアスペルガー症候群などPDDの下位分類を，ASDに統合するという大きな変更がなされた。また3歳までに症状が見られることが診断基準となっていたが，DSM-5では発症時期の年齢制限をなくしている。

b　ASDの原因

　ADHDやLDと同様に，ASDも中枢神経系の機能障害によって生じる。ASDの症状と関連する脳部位としては，情動と関連の深い扁桃体，実行機能等を司る前頭葉，運動や注意と関連する小脳などが指摘されているが，定説はまだ得られていない。親が高年齢であること，低体重出生，遺伝，胎内環境などの影響が示唆されている。

　ASDにおける社会性やコミュニケーションの障害は，心の理論の発達の遅れという観点から説明されることが多い。心の理論とは，他者の心の内や考えていることを推測する能力で，通常は4歳くらいで獲得される。心の理論を調べるためにイギリスの心理学者バロン-コーエンが考案した「サリーとアンの問題」を見てみよう（図3-2）。サリーはアンがおはじきを箱に隠したこと

図3−2 サリーとアンの問題（Baron-Cohen et al., 1985をもとに作成。イラスト：渡邊美和）

を知らないのだから，この問題の正解は「バスケット」となる。この課題を平均年齢11歳のダウン症児とASD児に行ったところ，ダウン症児では8割以上が正解したが，ASD児では逆に8割が正解できなかった。ASD児の知能はダウン症児よりはるかに高かったにもかかわらず，心の理論課題に関しては大きな困難を示したのである（Baron-Cohen et al., 1985）。心の理論の発達の遅れに加え，ASD児では人の顔や表情の識別，表情からの感情の読み取りが苦手であり，このことも社会性やコミュニケーションの障害の原因になっていると考えられる。

　実行機能の障害はADHDの症状の原因と考えられているが，ASDの症状も実行機能の障害と関連している（表3−2）。ADHDでは実行機能の「行動の抑制」に障害が見られるのに対し，同じ行動や同じ手順にこだわったり，急な予定の変更によってパニックを起こしたりするといったASD特有の症状は，必要に応じて思考や行動を柔軟に変更する能力である「再構築」の機能低下によると考えられる。

　またASDのこだわり行動には，感覚過敏や感覚鈍麻などの異常が関連している可能性がある。たとえば，ASDの当事者であるニキ・リンコと藤家寛子

(2004) は，雨や扇風機の風が当たると痛い，プールの消毒液の匂いがきつくて怖い，音が大きいと内容まで聞こえてこないなど，特有の感覚を報告している。ASD における感覚異常は多様で個人差が大きいが，一部の ASD 児が雨や扇風機，プールなど特定の刺激を極端に嫌うのは，このような感覚過敏が原因となっているのかもしれない。

c ASD 児の支援

ASD 児の支援にあたっては，彼ら特有の感覚・認知の特性を考慮する必要がある。具体的には ADHD と共通する部分が多く，環境整備や指示方法の工夫，応用行動分析やソーシャルスキル・トレーニングによる適切な行動の学習，親や周囲の大人が適切な対応を学ぶペアレント・トレーニングなどがあげられる。また，ASD 児を支援するための個別教育プログラムである TEACCH（ティーチ）も広く用いられている。ASD 児は視覚的な記憶が得意な場合が多いので，TEACCH では必要な情報を図示して視覚的に理解させるなど，ASD 児の認知特性に合わせた対応が工夫されている。

表 3-4 の症例（高橋，2004）をもとに，ASD 児の特性と支援について考えてみよう。ASD 児ではことばを完全に文字通りに受け取って本当の意味を理解できないことが多い。ASD 児に指示を出す場合には，「危ないから見ていてね」という曖昧な表現は避け，「弟が階段に手をかけたらだっこする」「階段から 30 cm 以上離す」など具体的な表現を心がける必要がある。初めてのこと，

表 3-4 アスペルガー症候群と診断された男児の症例（高橋，2004）

6 歳の頃，弟が階段のそばにいるので，母は「上がったら危ないので見ていてね」と頼み，その場を離れた。少ししてその場に戻ってみると，弟が階段を上がっていた。「見ていてねと言ったでしょ」と咎めると「見てたよ」と答えるので，母親は唖然とした。初めてのことが苦手で，小学校の入学式が近づくと食欲がなくなった。初めての所へ出かけるのも嫌う。暗い所へ入ると落ち着くので，段ボールや押し入れに入りたがった。(中略) 6 年生になると週に 1，2 回は学校を休み出した。臆病で友だちに少し注意されただけでもおびえるのに，「このかまぼこの薄さは〇〇君の存在の薄さみたいだ」などと本人の前で平気で言う。注意を受けても本当のことだと悪びれないので，あまり好かれていない。

初めてのところに強い不安を示すのも ASD 児の特徴である。これは思考や行動の柔軟性が低く，新しい環境を想像したり見通しを立てたりすることが苦手なためと考えられている。初めての場所に行くときは，具体的なイメージを持てるように，あらかじめ写真やパンフレットを見せたり，新しい場所に行くまでの計画表を示したりすると不安が軽減されやすい。

　ASD 児は独自の世界を持っており，他の子にとっては当たり前で取るに足らないことが，彼らにとってはしばしば理解困難な大きな試練となる。ASD 児の支援にあたっては，ASD 児の独特の反応を温かく見守り，フォローしていく姿勢が大切である（鳥居，2009）。

5　発達障がいの二次障害

a　二次障害とは何か

　発達障がいは見えにくい障害と呼ばれる。他者がしていることをさえぎったり，じゃましたりする，テストの問題文が読めない，相手の気持ちがわからないといった問題は，障害としてはとらえられにくく，親のしつけが悪い，努力が足りない，性格が悪いなど，非難や叱責の対象になりやすい。発達障がい本来の症状が一次障害と呼ばれるのに対し，周囲の無理解と軋轢の結果として生じてくる問題は二次障害と呼ばれる（齋藤，2009）。発達障がいの二次障害は，行為障がい（人や動物への攻撃，器物破損，窃盗など）や反抗挑戦性障がい（拒絶的，反抗的，挑戦的な行動様式），気分障がい（うつ病など），対人恐怖，不登校・引き込もりといった行動や情緒の問題として表れてくる。

b　二次障害の予防

　精神科医の杉山登志郎（2007）によると，発達障がいに対する診断とフォローアップがなされている児童で不登校を生じたという例は非常に少なく，逆に不登校を主訴に受診した児童生徒が実は発達障がいだったという場合が圧倒的に多い。このことから，二次障害の予防には発達障がいを早期に発見し，適切に対応することが有効と考えられる。知的な遅れをともなわない発達障がいの場合，1 歳 6 カ月検診や 3 歳児検診では見落とされてしまい，幼稚園や保育園で

集団生活を送るようになってから問題が顕在化してくることが多い。そのため，年中児を対象とした5歳児検診を行う動きが全国的に広がってきている。

　また，二次障害を予防するうえで発達障がいのある子どもへの支援と同等に重要なのが親への支援である。発達障がいは中枢神経系の機能障害を原因として起こるものであり親の養育態度とは無関係であるが，発達障がいの子を持つ親の養育態度が他の親と異なっているように感じられることがある。バークレー（Barkley, 1995）によると，ADHD児の親はそうでない親と比べて，より口やかましく，指示的，拒否的であるが，薬物療法によって子どもの症状が改善されると，親の養育態度にほとんど違いが見られなくなる。このことから，ADHD児の親に特有の養育態度は，子どもの発達障がいによって引き起こされた「結果」と考えられるが，周囲は親の養育態度を発達障がいの「原因」と考えがちである。子どもが問題を起こすたびに周囲が親に非難の目を向け，それが親を追い込み，子どもに対する身体的虐待やネグレクトを引き起こす場合がある。発達障がいの二次障害を予防するには，子ども本人だけなく，親に対する理解と援助的な働きかけが必要である。

6　発達障がいの子どもとかかわるときのポイント

　発達障がいという診断がつくのは，発達の遅れの結果，日常生活に支障が生じることが予想され，社会適応に向け支援が必要と考えられる場合である。ADHD，LD，ASDの特性を持つことが障害なのではなく，その特性によって学校や日常生活で困難を生じている状態が障害なのである。発達障がいという診断は，子どもの問題行動にレッテルを貼るためのものではなく，特別な支援の必要性を明確化するためのものであることを忘れてはならない。

　周囲の理解と適切な支援があれば，発達障がいのある子どもの日常生活や学校生活での困難は緩和されていくことが多い。発達障がいの症状は一人ひとり違い，ADHDだからこう，ASDだからこうというような一律の対応が可能なわけではない。診断名にとらわれることなく，日々の観察からその子どもの特性を理解し，その子どもが本当に必要としている支援を模索していく。これは発達障がいのある子どもに限らず，すべての子どもの教育に求め

られていることである。

考えてみよう・話し合ってみよう ③

　ADHD，LD，ASDと思われる子どもの特性をふまえたうえで，通常学級で教員が行うことのできる支援について，さらに具体的に考えてみましょう。

第4章
学級をまとめるチカラ

　近年，いじめや不登校，学級崩壊など学級における問題が深刻化しており，教員が学級をまとめる力が問われている。本章では学級をまとめる力を育成するのに必要な集団に関する基本的性質を整理する。これをふまえ，教員が生徒に与える影響や教員と生徒，生徒間の関係づくりに焦点をあて，より望ましい学級づくりについて考える。

> **キーワード**
> 準拠集団，社会的促進，社会的抑制，集団規範，学級集団の形成，学級がうまく機能しない状況，リーダーシップ，教員－生徒関係，徒党集団，ソシオメトリック・テスト，ソシオグラム，ゲス・フー・テスト
>
> **キーパーソン**
> 三隅二不二，モレノ，ハーツホーン

1　集団とは

　集団とは，他者に影響を与えたり，他者から影響を受けたりするような相互作用する人々の集合で，2人が集まればそれは最小の集団になる。そこには共通の目標や規範が共有されている（島，1986）。そのように考えると，われわれは多様な特徴を持った複数の集団に所属していることがわかるだろう。
　たとえば，家族や仲間，近隣集団など親密なかかわりのもとに形成された一次集団と，学校や会社のように意識的に組織され制度化された二次集団に分けることができる。どちらの集団であっても，個人がその集団と同じような考えを持っていると感じるなど自己と集団とを心理的に関係づけて同一視し，その

集団基準に従って行動するような心の拠りどころとしての機能を持つと，その集団は**準拠集団**になる。

所属の有無という面で見ると，内集団と外集団に分けられる。内集団は個人が所属感を感じている集団で，われわれ意識を抱かせる。「うちの〇〇」と呼ぶような集団は内集団の典型例である。その逆に，自分が所属していないためにかれら意識を持たせる集団が外集団である。一般に，内集団に対する好意的な態度が強まれば強まるほど，外集団への敵意や差別，偏見につながることが指摘されている。

2 学級集団の機能

学校という場面を考えると，学級は制度的に形成された二次集団であり，子どもたちが「自分たちの学級」と称するように内集団とも位置づけられる。その学級への魅力度が高まるほど所属意識が強まり，集団としてのまとまりである集団凝集性も高まることにつながる。こうして1日の生活時間の大半を過ごす学級は，子どもたちの社会性の獲得に多大な影響をおよぼす存在となる。

学級集団が子どもの発達におよぼす機能には以下の3つがある（島，1986）。

(1) 欲求充足の機能

学級集団は，友人関係を強く求める児童期から青年期にかけての子どもの欲求を満足させ，安心感を与える。この欲求には，集団への所属欲求，親和欲求，自尊の欲求，自己実現の欲求などさまざまなレベルが存在し，それらの充足を図ることができるのが学級なのである。

(2) 社会化の機能

学級集団を通じて，子どもたちは協同や競争，受容や拒否などの自他関係，集団の規範や役割行動などを学ぶ。さらに，人間関係に関する知識も体得され，社会の一員であるという意識のもとに社会化が促進される。

(3) 集団効果としての強化の機能

集団活動を通じて1人だけで行動するときよりも積極的に対処できる社会的促進効果，教員や級友の行動を実際に見聞きすることによってそれを内面化できるモデリングの効果，集団討議や集団決定に参加することによって体得する

自己主張と自己抑制の仕方など，学級集団は子どもの学習活動の動機づけや強化に効果的な場を提供する。

集団になることで起こる現象として，**社会的促進**と**社会的抑制**がある。たとえば，子どもが片づけをする際，1人で行うよりも，みんなと一緒に片づけたり，教員に見守られていたりするほうが作業の効率が良くなることがある。逆のことも起こりうる。たとえば，授業内提出の課題が出た際，まわりの人が取り組んでいる様子や教員の視線などが気になり，集中できないことがある。このように他者がいることによって作業効率が上がる現象を社会的促進，作業効率が下がる現象を社会的抑制と呼ぶ。

3　集団規範

a　集団規範とは

集団規範とは，「集団のメンバーが行動したり，判断したりする際の基準」（吉田，2001）である。つまり，判断の枠組みや行動様式，思考様式を形成し，それに従った行動をすることが求められるようになる。いったん集団規範が形成されると，個人がその規範の許容範囲から外れた行動をすると落ち着かなくなると同時に，メンバーからもその規範に従うよう圧力がかかる。そのため集団としてより望ましい規範をつくりあげ，望ましくない規範を改善することが重要課題となる。

その具体例としていじめ問題があげられる。いじめがあっても見て見ぬふりをするといった集団規範が形成されてしまうと，いじめられている子どもを助けることはおろか，その解決自体が困難になり，最悪の場合，いじめられている子どもが死に追い詰められるなど手遅れともなりうる。このように望ましくない規範の改善と望ましい規範の形成は，学級集団の性格あるいは学級自体が醸し出す集団雰囲気に大きな影響を与えることとなる。

b　集団規範づくり

望ましくない集団規範を改善し，より望ましい規範を強化していくためにはどうしたらよいか。吉田（2001）は，望ましい集団規範づくりに求められる4

つのステップを提案している。

(1) ステップ1：自分たちの規範の現状を知る

最初のステップは，日頃の行動や態度を規定している集団規範を探すことが目的になる。集団規範の中には，集団にとって望ましい規範もあるが，同時に望ましくない規範も存在する。日常の集団生活にどのような規範が働いているかを見つめ，分析を行うことで，新たな望ましい規範を考えていく可能性が高まる。

(2) ステップ2：メンバー全員が規範の現状を意識する

次に，ステップ1で浮き彫りとなった集団規範の現状を，望ましいものも望ましくないものも含めて，メンバー全員が共通に理解する。改善点がある場合は，どのように改善すべきかについて考えることも重要となる。

(3) ステップ3：望ましい規範をつくる具体的な方法を考える

お互いに自らの集団規範の現状を認識し，望ましい方向に変化させることに合意できたら，規範を改善，強化するための具体的な方法を模索する次のステップへと進む。ここでは，すべてのメンバーが自由に意見交換できる場をつくることが必要となる。なぜなら，メンバーの自発的な提案やアイディアは規範を変える力となるからである。このとき重要な役割を担うのがリーダーで，リーダーは自分の考えを押しつけるのではなく，さまざまなアイディアが出るような場の雰囲気づくりが必要となる。

(4) ステップ4：考えられた方法を実行する

実行段階に移る際もリーダーの役割は大きい。リーダーが率先して新たにできた規範を実行することで，メンバーも自分たちが決めた行動目標を実行する気持ちになり，新たな規範が集団の常識として定着していくこととなる。

これら集団規範づくりの4つのステップから明らかとなるのは，リーダーが非常に大きな役割を担うことである。学級でリーダーといえば教員であり，教員の演じ方が学級の規範形成に大きな影響をおよぼすことがわかるだろう。

4　学級集団の形成プロセス

a　発達段階における学級集団の形成プロセス

園原と広田（1953）は，小学校段階を例にあげて**学級集団の形成プロセス**

を5段階に分けた。入学して初めての学級で新生活を迎える子どもたちは，友だち同士の結びつきはあまり強くなく，気分的にも落ち着かない。どのような人物であるかについて探り合いながら接しているため，最初は孤立した状態に近い。このような初期状態を孤立探索期と呼ぶ。1年生の前半に相当するこの時期は，子ども間の結びつきが弱いため，教員対子ども一人ひとりの関係が中心である。その後，席が近い，家が近所であるなどの外的要因から仲間関係が結ばれ，横の関係ができる。この時期が水平的分化期で，2年生頃までである。このような横の関係を形成した子どもは互いの能力を知り，その能力に合わせた役割関係が成立する。つまり，リーダー的役割を果たす子ども，そのリーダーに従って役割を果たす子どもが存在するようになる。このように横の関係が変化し，子ども同士の間で役割が分化する時期を垂直的分化期と呼び，2～3年生の頃のことである。

　仲間関係が形成され，それが固定化されることで，学級内に複数の仲間集団が形成される。この時期が部分集団形成期で，4年生頃から始まる。この時期の教員と子どもの関係は，教員対各仲間集団となるものの，まだ学級全体としてのまとまりはない。学級としての統一性が生まれるのが集団統合期で，これは6年生頃になって可能になる。この時期は，個々の仲間集団が変化，発展を遂げ，1つの学級集団として統合される時期である。

　このような形成プロセスは小学校の6年間に起こるだけではなく，他の年齢層でも新たな集団をつくった当初は同じような変化を遂げる。小学生との違いは，成長とともに孤立探索期から集団統合期に至るまでの時間が短く，統合の質もより高くなるのが一般的である。

b　1年間にわたる学級集団の形成プロセス

　蘭（1993）は，1年にわたる学級集団の形成過程を3つの過程に分けた。
①学級形成期（教員主導期）
　この時期は，教員主導の学級づくりが重要な課題となる。具体的には，生活ルールや対人関係の基本ルールの確立，仲間づくりの推進，学級目標への合意形成やその役割行動の決定の基礎を構築するため，生徒と信頼関係を築き，生徒が学級に対して愛着が持てるよう教員自らがモデルとなって働きかける。

②学級安定期・変革期（教員から生徒主導移行・委譲期）

この時期は，生徒が主導となり学級目標の決定とその実行が行えるように学級集団の自立化が重要な課題となる。この課題を達成するためには，学級のまとまりや生徒個人の役割などの価値観に対して考えられるよう働きかけることが重要である。そうすることで，学級規範が確立され，学級がまとまってくる。

③学級定着期（生徒主導・教員相談役）

この時期は進級・進学への準備に向けて生徒の自立性の確立が重要な課題となる。つまりこの時期に教員は，生徒が教員から独立して自立していくための素地を形成できるようサポートする必要がある。

こうした1年を通した学級発達過程と果たされるべき課題を詳細に設定することは，教員がクラスをつくるうえで1つの目安となり，子どもたちにきめ細やかな指導を行うことが可能となるだろう。

C 学級崩壊

1997年頃より，授業が始まっても教室内を立ち歩く，私語が多い，集団で教室を飛び出しいつまで経っても戻らない，突然奇声を発したり物を投げるなどの行為が繰り返され，指導が困難となっている状況が報告されるようになった。いわゆる学級崩壊と呼ばれた現象で，学級経営研究会（2000）ではこれを**学級がうまく機能しない状況**という表現に置き換え，「子どもたちが教室内で勝手な行動をして教員の指導に従わず，授業が成立しないなど，集団教育という学校の機能が成立しない学級の状況が一定期間継続し，学級担任による通常の手法では問題解決ができない状態に立ち至っている場合」と定義して実態調査を行った。そして，このような状況に該当した150学級を類型化したところ10ケースに分けられることがわかった（表4-1）。

その結果，教員の学級経営が柔軟性を欠いている事例がもっとも多いことが明らかとなり，いわゆる教員の指導力不足が根底にあると考えられた。しかし同時に，経験豊富な教員でもかなり指導が困難な学級が存在することも言及されている。解決に向けては，このような学級が現に存在し，原因が教員や学校側だけではないことの理解を保護者に求めることが重要となる。なぜなら，保護者の教員に対する認識が子どもに影響をおよぼす可能性があるためである。

表4-1 学級がうまく機能しない状況の類型とその件数（学級経営研究会，2000）

類型化された内容	該当数
(1)就学前教育との連携・協力が不足している	20
(2)特別な教育的配慮や支援を必要とする子どもがいる	37
(3)必要な養育を家庭で受けていない子どもがいる	30
(4)授業の内容と方法に不満を持つ子どもがいる	96
(5)いじめなどの問題行動への適切な対応が遅れた	51
(6)校長のリーダーシップや校内の連携・協力が確立していない	51
(7)教員の学級運営が柔軟性を欠いている	104
(8)学校と家庭等との対話が不十分で信頼関係が築けず対応が遅れた	47
(9)校内での研究や実践の成果が学校全体で活かされていなかった	24
(10)家庭でのしつけや学校の対応に問題があった	26

たとえば，保護者が教員を信頼していると子どもが感じていれば，その子どもも教員に不信感を抱かない傾向にある（中井・庄司，2006）。つまり，指導力のある教員であっても指導に困難を来している学級が存在することを十分に理解せず，学校の様子に関する子どもの話を保護者が鵜呑みにして教員を信頼できなくなった場合，その不信感が子どもにも影響をおよぼしてしまう。

今日，学級崩壊の問題において教員の指導力不足に目が向けられがちであるが，このように保護者の学校や教員に対する認知の影響も憂慮すべき問題である。学級がうまく機能しない理由の1つに学校と家庭との対話が不十分な場合もあり，保護者と密接な連絡を取り合い，学校での教育や行事に積極的に参加してもらいながら支援を求めることも重要な解決方法となるだろう。

5 教員が持つ影響力

a 教員のリーダーシップスタイル

ホワイトとリピットは，3つの異なるリーダーシップのスタイルが個人と集団の行動，さらには作業成果にどのような影響を与えるかについて検討した。彼らが検討したリーダーシップのスタイルは，方針のすべてはリーダーが決定する専制型，あらゆる方策は集団によって討議，決定され，リーダーはこれら

の討議や決定を激励，援助する民主型，すべてが放任され意思決定等はすべて集団任せの放任型の3つであった。予想通り，民主型リーダーシップでは集団を意識した発言が多く，リーダーのもとで活動するフォロワー間の関係も友好的で満足度が高かった。それに対し専制型リーダーシップでは，作業成果は民主型の場合よりも高かったが，リーダーに対する依存性が高く，作業に対する熱心さや喜びもわきあがらない。その結果，課せられた作業をこなすだけとなってしまい，フォロワーの満足度は低く，表面には現れない不平不満がつくり出されていた。放任型リーダーシップでは，能率が悪く作業成果は少ないうえ，その質も良くなかった。

　この研究成果を学級運営にあてはめれば，当然ながら民主的なリーダーシップが好ましい。学校での民主的なリーダーシップとは，教員が子どもの先頭に立って率先して引っ張っていくというより，むしろ子どもたちが悩み，子ども同士で相談しながら進んでいく姿を後ろから見守り，支援していく姿勢といえるのではないだろうか。

b　PM理論
(1) 集団機能とは

　集団が果たす機能には，目標達成（P機能：performance）と集団維持（M機能：maintenance）の2つがある（表4－2）。これをふまえた指導類型論にPM理論がある。三隅二不二ら（1977）は，P機能次元にかかわるP行動を，学級において子どもの学習を促進したり，生活指導に関して子どもの課題解決を促進して話し合いなどの討議が有効，効率的に行われるようにする教員のリーダー

表4－2　集団が果たす2つの機能（三隅，1984を参考に作成）

名　称	特　徴
目標達成機能 （P機能）	行動の開始，成員の注意を目標に向ける，問題の明確化，集団計画の進展，仕事の質の評価，専門的知識を役立てたりする機能
集団維持機能 （M機能）	人間関係を楽しませる，争いの仲裁や激励，マイノリティに意見を述べる機会を与える，成員の自主性の促進，成員間の相互依存性を増大させる機能

シップ行動とし，一方のM機能次元にかかわるM行動を，子ども一人ひとりに配慮しながら公平に対応して，不必要な緊張を避けることに努めるリーダーシップ行動としてとらえた。そして，PもMも強いPM型，Pだけが強いP型，Mだけが強いM型，どちらも弱いpm型の4つに分けた（図4-1）。このように類型化してみると，リーダーシップの望ましいタイプは，PM型がもっとも好ましく，次いでM型，P型，pm型の順となることが言及されており，これは一般企業等の役職者でも学校の教員でも同じ結果になる。

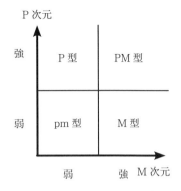

図4-1 リーダーシップ類型
(三隅，1984)

　学級をまとめ，教員が適正なリーダーシップを発揮するには，教員と一人ひとりの生徒との関係が大きくかかわっている。つまり，生徒が教員の存在や教員との関係性に安心感を抱いていると，生徒の学習意欲は上がり，友人や教員とも良好な関係を結ぶことが可能となる。さらに，この安心感には，教員からの情緒的なソーシャル・サポートが影響をおよぼす（中井・庄司，2006，2008）。したがって教員の側から考えれば，日頃から子どもたちの気持ちを受けとめ，安定した関係づくりを心がけることにより，子どもに安心感が生まれ，それを核とした豊かな**教員－生徒関係**が構築できるはずである。

c 教員の勢力資源

　教員が生徒を指導するときに，教員自身の属性，さらには態度や雰囲気などを含んだ勢力を背景に指導を行う。このときの属性や勢力のことを勢力資源と呼ぶ。教員の勢力資源が生徒に影響をおよぼすか否かは，その勢力資源を受ける側である生徒の認知の程度によって異なってくる。

　子どもたちは，教員をどのような勢力資源を持つ存在と認知しているのだろうか。田崎（1979）は，生徒が認知する教員の勢力資源は表4-3に示したように7つ存在することを見出し，この7つが発達段階においてどのような違いがあるかを調べた。その結果，小学生がもっとも強く，中学生，高校生のよう

表4-3 勢力資源因子とその内容 (狩野と田崎, 1990を改変)

因子	内容	子どもの理由づけの例
親近・受容	教員に対する親近感や,被受容感にもとづく勢力	「よく話しかけてくれるから」「気軽に話しやすいから」「自分の気持ちをよくわかってくれるから」など
外見性	教員の外見的容姿のポジティブな評価にもとづく勢力	「スマートだから」「センスがよいから」など
正当性	教員の行動を当然とすることにもとづく勢力	「先生の言うことは正しいと思うから」など
明朗性	教員の性格上の明るさにもとづく勢力	「おもしろいから」「明るいから」など
罰	教員に対する畏怖の感情にもとづく勢力	「うらまれるのがこわいから」「成績にひびくから」など
熟練性	教員の持つ熟練度にもとづく勢力	「興味ある話をしてくれるから」「経験が豊富だから」など
準拠性	自分にとって好ましい人物への同化にもとづく勢力	「先生のようになりたいから」「理想の人に似ているから」など

に発達段階が進むにつれて影響される程度が弱くなった。これは,発達とともに自我の確立が進み,権威を懐疑的,否定的にとらえ始めることが背景にあると考えられる。また,個々の勢力資源について見てみると,小学生では外見性に次いで正当性が強く,教員の外見や権威を重視しており,中学生では明朗性や親近・受容といった教員の性格面や教員との関係に重きを置いていた。しかし高校生では,罰,準拠性,親近・受容の順に強く影響しており,青年期における権威への懐疑的心理と共感してくれる教員への親近という2つの相反する気持ちが反映されていると考えられる。

6 学級集団の理解とその具体的方法

a 友人関係の特徴とその機能

学級集団を理解するためには,まず学級における友人関係の特徴とその機能について理解する必要がある。一般には,席が近いといった近接性,似た特徴

があるという類同性，そして自分にはないものを持っているからという相補性の3つが友人関係を形成している理由としてあげられる。

(1) 友人関係の発達的変化

児童期から思春期にかけての仲間関係は3つの段階を経て発達する（保坂・岡村，1986）。

①ギャング・グループ

小学校高学年頃，親からの自立のために仲間関係を必要とし始める頃に現れる**徒党集団**をさす。外面的な同一行動による一体感を特徴としているため，同じ遊びを一緒にする者が仲間であると考えられる。そのため，遊びを共有できない者は排斥されるおそれがある。この集団は基本的に同性かつ同年齢層で構成され，男子に多く見られる。しかし今日，核家族化や少子化，戸外での遊び場の確保の困難さ，習いごとの増加などの問題からギャング・グループの形成が困難となっており，徒党集団を介した社会性，自己主張と自己抑制などの社会的スキルを学習する場が欠落してしまう危険性がある。

②チャム・グループ

中学生頃によく見られる仲良しグループで，互いの内面的な類似性の確認による一体感を特徴とする。つまり，同じ興味や趣味，クラブ活動などで結ばれ，互いの共通点や類似性をことばで確かめ合うのが基本で，互いに同じであることを承認し合うことに大きな意味を持つ。ギャング・グループと同様に同性の同輩集団であり，こちらは女子に多く見られる。今日，チャム・グループは，ギャング・グループの消失と入れかわりに児童期から思春期，さらには青年期全般にかけて肥大化している（保坂，1996）。つまり，けんかや仲直りを経験する中で親密な関係を築いたギャング・グループを経験しないままチャム・グループへ移行してしまうため，多くの友人関係は類似性だけを求め合うきわめて表面的で希薄なチャム・グループとなってしまうことが懸念されている。

③ピア・グループ

青年期には，ギャング・グループやチャム・グループの関係に加えて，互いの価値観や理想，将来の生き方などを語り合う関係が生じる。このピア・グループでは，共通点や類似性だけでなく，互いの異質性をぶつけ合い，他

者と自己の違いを明らかにし，自己確認をするプロセスが見られる。異質性を認め合い違いを受け入れることで，自立した個人として互いを尊重し合い共存できる状態が生まれる。この集団は，男女混合であり，年齢にも幅がある。今日においては，チャム・グループの肥大化にともない，ピア・グループの形成が遅くなっている（保坂，1996）。

(2) 友人関係の機能

児童期から青年期における友人関係は，単にその時期の遊びや学習の仲間というだけでなく，生涯にわたる親友となるように，心理的にも社会的にも多大な影響をおよぼす。では，その機能は具体的にどのように働いているのだろうか。友人関係の機能として，以下の3点があげられている（松井，1990）。

①安定化の機能

　友人関係の主たる機能で，緊張を解消し不安を和らげ，精神面の安定をもたらす。ともに活動することを通して悩みの解消やストレスの発散をすることもでき，心理的なゆとりや自我の支えとなる役割を果たす。

②社会的スキルの学習機能

　友人と接する時間や空間は限られている。そのため，そこでは家族に接しているありのままの態度とは異なったつきあい方をする必要が生まれる。そのような社会生活を営むために必要な技能，言い換えれば社会的スキルを習得する必要があり，友人との関係性を構築する過程でそれが可能となる。このような友人とのつきあいを通して自然と学習することができることは大きな利点である。友人関係は他者との相互作用の仕方について学習する機能を有しているといえる理由である。

③モデル機能

　年齢や社会的立場においては自分と友人は対等である。しかしながら，異なる生い立ちや価値観，世界観など，自らの家族にはない異質性を有しており，家族や教員とは異なったモデルとなりうる。友人をモデルとみなし，自分自身とは違う生き方，考え方，振る舞いなどを習得することは，同一性の確立に寄与すると考えられる。

　このように友人関係には特有の発達の特徴や機能が存在する。こうしたことを考慮して子どもたちと接する必要があるだろう。

b 学級集団の特徴の測定

(1) ソシオメトリック・テスト

ソシオメトリック・テストとは，モレノが考案した集団内の対人関係を測定する代表的な方法である。具体的には，集団に所属するすべての子どもに対して特定の状況を提示し，所属集団の中で誰を選び，誰を選ばないかを調査することで，その子どもの学級内における地位や子ども同士の勢力関係を明らかにする手法である。要するに，集団内の選択と排斥の関係を浮き彫りにできる。

たとえば，「遠足に行くとき，同じ班になりたいのは誰ですか，なりたくないのは誰ですか」「席替えをするとしたら，誰の隣になりたいですか，誰の隣にはなりたくないですか」などの質問をする。得られた結果を集約したものが，ソシオマトリックスとソシオグラムである。ソシオマトリックスは，すべての子どもの名前を縦と横に並べた表をつくり，そこに他者から選択された数（被選択数），他者から排斥された数（被排斥数），互いに選択し合った数（相互選択数），互いに排斥し合った数（相互排斥数）を書き入れたものである。被選択数が多い子どもは人気者，被排斥数が多い子どもは排斥児，選択も排斥もされていない子どもは孤立児，自分から友だちを選択するが被選択も被排斥もな

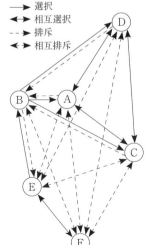

選択者 被選択者	A	B	C	D	E	F	被選択数	相互選択	被排斥数	相互排斥	地位得点
A		○	◎	◎	✕	✕	1	2	0	2	1
B	✕		✕	✕	○	✕	1	0	3	1	-2
C	◎	○		◎	✕	✕	1	2	0	2	1
D	◎	○	◎		✕	✕	1	2	0	2	1
E	✕	✕	✕	✕		◎	0	1	1	3	-1
F	✕	✕	✕	✕	◎		0	1	0	4	0
選択数	0	3	0	0	1	0					
排斥数	1	1	1	1	0	0					

○：選択，×：排斥，◎：相互選択，✕：相互排斥

図4-2 ソシオグラム（左側）とソシオマトリックス（右側）の例

い子どもは周辺児，被選択数も被排斥数も多い子どもは矛盾児として分類することができる。被選択数から被排斥数を引けば社会的地位得点が算出でき，成員同士の地位を客観的に把握，比較できる。一方のソシオグラムは，選択を実線，排斥を破線の矢印で示した対人関係の図で，人気者，排斥児，孤立児などがいるかどうか，いればそれは誰かを視覚的，かつ容易に把握できるという長所がある（図4－2）。なお，ソシオメトリック・テストの実施にあたっては，子どもたちと完璧(かんぺき)な信頼関係が形成できていなければ意味のある検査結果にならないことはいうまでもない。

(2) ゲス・フー・テスト

ゲス・フー・テストはハーツホーンらによって考案された人物推定法で，何かで困っている人がいるとすぐにどうしたのかと声をかけてくれるのは誰ですか，先生がいなくなるとすぐに掃除当番をさぼるのは誰ですかというような具体的なモデルを提示し，それにもっともよくあてはまる級友の名前を書かせる。多様なモデルを提示でき，他者からどのような人物とみなされているかがわかる点は，子どもたち各々の性格特徴を総体的にとらえるうえで大いに活用できるであろう。

7　教員集団

a　職員室における教員の姿

教員が学級以外で過ごす学校内の場に職員室がある。職員室は，教員が自分の受け持つ学級の悩みや学年における問題などについて相談し，問題を解決するための方策を立てることができる場となる。しかし，教員同士のコミュニケーションが一切とれない，あるいはあえてとらないなど教員同士の不和が生じている場合には，職員室にいるだけでストレスを感じてしまう。秦（1991）は，教員集団の人間関係がまったくうまくいっていないと評価した場合，職場に行きたくないとよく思うと回答した割合が非常に高くなり，教員に向いていないと思い込んでしまう心理的問題にまで発展しうることを指摘している。教員集団の人間関係にストレスを感じている教員は，学級の子どもに対して必要以上に叱るなどネガティブな影響をおよぼす傾向もある。このように職員室で繰り

広げられる教員間のコミュニケーションは，教員自身にも多大な影響をおよぼすと同時に，子どもにまでも影響をおよぼしてしまうことが考えられる。別の言い方をすれば，教員同士も職員室で1つの集団を形成しているのである。

b 教員集団の分類

油布（1988）は，教員集団のタイプを4つに分類した。それは，学校運営に関する満足度が高く教員同士の交流も活発な充実型，学校運営への満足度が低いものの教員同士の交流が活発な葛藤型，学校運営に関する満足度は高いものの教員同士の交流が少ないぬるま湯型，そして学校運営に関する満足度も職場での交流もともに低い停滞型である。4つの教員集団をもとに，実際の教員の特徴を示したのが表4-4である。

油布（1988）はこの結果を次のように概観している。充実型は，教員同士互

表4-4 教員集団のタイプと教員のタイプ（油布，1988を一部改変）

表中の数字は，「かなり多い」と「やや多い」と回答した者の合計の割合（％）を示す。

具体的な教員像	充実型	葛藤型	ぬるま湯型	停滞型
教科指導法の工夫・研究に熱心な教員	64.6	65.5	65.3	39.6
教科の専門知識が豊かな教員	63.8	59.8	52.1	29.1
学級経営が苦手な教員	23.0	21.4	6.5	3.9
生徒指導にたけている教員	46.5	51.8	34.4	19.0
部活動に特別に熱心な教員	58.2	59.1	55.4	24.5
勤務時間以外も残って仕事をする教員	92.3	90.4	83.2	56.6
同僚に親しまれている教員	75.4	19.5	56.3	42.1
他の人に高圧的姿勢をとる教員	7.9	10.0	4.4	2.6
会議などで自分の考えを発言しない教員	45.3	46.8	42.6	46.7
早く転勤したいと思っている教員	26.0	41.2	9.7	30.4
同僚とのつきあいをあまり好まない教員	4.8	10.2	9.7	8.0
他の教員の手本となるようなベテラン教員	35.2	29.8	28.0	11.2
出世や昇進を気にする教員	4.9	10.0	19.5	4.1
精神的に不安定な教員	4.0	8.7	1.1	0.7

いに同僚に親しまれており，教科の専門知識が豊富な者が多いなど，モデルとなるような教員ややる気のある教員が存在する。これに対して，葛藤型では，充実型と似た傾向を示していることから教員間の交流が多いことがうかがえるが，学校運営に対する不満や葛藤，対立がうごめいており，不満が鬱積している教員の存在が大きな特徴である。ぬるま湯型は，充実型や葛藤型の教員ほどやる気に溢れているわけではなく，現状にある程度満足している教員が多い。さらに停滞型では，モデルとなるような教員の存在が少なく，熱心さに欠けた教員の存在が特徴としてあげられる。

このように教員集団のあり方は，教員の具体的な行動にも大きな影響をおよぼすことが考えられる。教員たちにとってプラスの影響をおよぼす教員集団であればよいが，マイナスの影響をおよぼす教員集団となってしまった場合，その影響は子どもにもおよぼしかねない。教員は自分の受け持つ学級をきちんと運営していればよいというだけでなく，校長や教頭などのリーダーシップのもと各教員が学校運営のあり方というものにも意識をして取り組まなくてはならない。

8 学級づくりのポイント

a 学級づくりにおける成功学級と失敗学級の比較

蘭ら（1996）は，学級づくりの成功と失敗について，教員の視点から見た特徴を次のように指摘している。学級づくりがうまくいった学級は，明確な学級目標がある，子どもたち一人ひとりにも学級目標から派生した具体的な達成目標がある，教員－生徒間，生徒同士間の関係はこれらの目標を達成するために親和的かつ協力的であることの3つが指摘されている。これらの学級では，教員の学級指導において双方向的な豊かなコミュニケーションができる精神的ゆとりがあり，生徒一人ひとりの個性も発揮できるように尊重されるという特徴が見られた。

一方，学級づくりがうまくいかなかった学級は，学級目標が教員－生徒間に共有されず，協力的な関係さえ成立していない。つまり，自分たちの学級という意識が育たなかったことが指摘できる。これらの学級では，規律がきわめて

重視され，教員が子どもを信頼できないために彼らに対して強制的であり，否定的に振る舞うという特徴が見られた。

このように学級づくりがうまくいく学級とそうでない学級には，学級の雰囲気に明確な違いが見られる。では，実際に学級をまとめるうえで具体的にどのような方法を用いればよいのだろうか。

b 心理教育の導入

学級にはさまざまな背景を持った子どもたちが集まっており，その子どもたちを集団として機能させていかなくてはならない。どのように友だち関係を結べばよいかに悩み，ストレスを抱える子どもも少なくない。その背景として，子どもの社会性の低下が著しいことがあげられる。こうした指摘を受け，近年注目されているのが学校教育における心理教育である。心理教育について，國分康孝ら（1998）は，集団に対して心理学的な考え方や行動の仕方を能動的に教える方法と定義した。具体的な方法として，構成的グループエンカウンターや社会的スキル訓練などのプログラムが数多く開発されており，子どもたちのさまざまな問題の解決を導くだけでなく，学級づくりの一助ともなっている。

c チーム支援

問題を抱えた子どもの対応，いじめの解決，さらには統制がとれなくなった学級の改善など，どうしても教員1人で抱えることのできない困難に遭遇してしまう可能性がある。このような状況に陥ってしまった場合の有効な手段としてコンサルテーションがあげられる。コンサルテーションとは「異なった専門性や役割を持つ者同士が子どもの問題状況について検討し，援助のあり方について話し合うプロセス（作戦会議）」のことをさす（石隈，1999）。つまり，スクールカウンセラーや養護教諭など特有の専門性を有している者が，教員の専門性を活かした援助方法を提案するなど，援助のあり方について教授，協議することで問題解決を図ることをいう。コンサルテーションは，さまざまな専門家からなるチームをつくって行われることも多くある。このように直接的な介入を用いて問題解決をめざす方法も，学級をまとめるための1つの力となる。

考えてみよう・話し合ってみよう ④

　あなたがクラスの担任になるとしたら，幼小中高のどの学校種，さらにはどの学年の担任をしたいですか。その学年を念頭において，どのようなクラスをつくっていきたいですか。クラスをまとめるうえで，何が一番大切だと思いますか。

　ヒント：あなたがクラスの担任になったときに，本章のどのキーワードを大切にしてクラスをまとめていきますか。キーワードを1つ選び，選んだ理由とともにノートに書いてください。そして，4～5人組のグループをつくり，それぞれの考えを1分程度で話してください。聞き手は，感想（共感できる点，疑問点など）をメモしながら聞いてください。最後に，聞き手の感想を手がかりに，グループで話し合いをして，クラスをまとめるうえで何が一番大切かを決めよう。

第5章
勉強を教えるチカラ

　児童・生徒が学校で学ぶ内容は，われわれ教員がかつて学んだものと同じではない。情報通信技術（ICT），グローバリゼーション，人工知能の能力向上，それらを組み込んだロボットの産業・経済・日常生活への浸透により，未来を生きる子どもたちが習得すべき態度，知識，技能は今後も変化する。科学技術の急速な進展により変化が加速する社会においては，せっかく学んだこともすぐに陳腐化しかねない。自ら課題を見つけ，主体的に問題を解決する態度，目標を達成するための粘り強い意思，目標が十分に達成されたかについて内省する力を学習の基礎的な能力として身につける必要がある。教員は，心理学や認知科学が明らかにしてきた人間の知的能力や学習・記憶にかかわる知識を十分に理解したうえで，学習者を支援する必要がある。

> **キーワード**
> 学力，アクティブ・ラーニング，知能，古典的条件づけ，道具的条件づけ，オペラント条件づけ，短期記憶，長期記憶，有意味受容学習，先行オーガナイザ
>
> **キーパーソン**
> スピアマン，サーストン，ガードナー，ビネー，ウェクスラー，パブロフ，スキナー，ソーンダイク，オーズベル，ブルーナー

1　いま求められている学力

a　学習指導要領の学力観と学力の実態

　学習指導要領は，教育基本法や学校教育法などに基づいた教育課程（カリキュラム）を各学校で編成するための基準である。学習指導要領は時代の変化と児

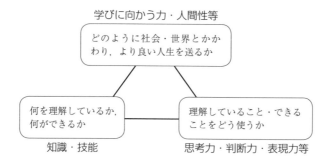

図 5 − 1　育成すべき 3 つの柱（文部科学省 HP をもとに作成）

童・生徒の**学力**の実態にもとづいて適宜改訂される。教員をめざす者は，学習指導要領に示される学力観と児童・生徒の学力の実態についてよく理解しておく必要がある。2018 年 3 月 31 日に改訂され，2018 年度より幼稚園，2020 年度より小学校，2021 年度より中学校において順次全面実施される学習指導要領においては（高等学校は 2017 年 3 月 30 日改訂，移行期間を経て 2022 年度より年次進行で実施），知識及び技能の習得，思考力，判断力，表現力等の育成のバランスを重視しつつ，知識の理解の質をさらに高め，確かな学力を育成することを基本的な考え方としている。また，新しい学習指導要領では，「何ができるようになるか」が明確化された。「生きる力」のために育成すべき資質・能力として，①知識及び技能，②思考力・判断力・表現力等，③学びに向かう力・人間性等，の 3 つの柱が提案されている（図 5 − 1）。これらの資質・能力を身につけ，生涯にわたって能動的に学び続けるようになるために，「主体的・対話的で深い学び」が掲げられている。**アクティブ・ラーニング**が重視される理由の 1 つはこのことによる。また，小学校で外国語科を導入することおよびプログラミング的思考の育成を行うことなど，社会のグローバル化および情報通信技術（ICT）の進展に対応することが明確にされている。

　文部科学省は，全国の小学 6 年生および中学 3 年生を対象に，全国学力・学習状況調査を毎年実施している。教科は「国語」と「算数・数学」である（3 年に 1 回理科も実施）。それぞれ，A 問題と B 問題からなり，A 問題では知識が問われる一方，B 問題では知識や技能をそのまま用いるのではなく，実生活の様々な場面にうまく活用することが要求される。表 5 − 1 に示すように，B

表5-1 全国学力調査における正答率（％）

実施年度	小学6年生				中学3年生			
	国語		算数		国語		数学	
	A問題	B問題	A問題	B問題	A問題	B問題	A問題	B問題
2017年度	74.9	57.6	78.8	46.2	77.8	72.7	65.2	48.7
2016年度	73.0	58.0	77.8	47.4	76.0	67.1	62.8	44.8
2015年度	70.2	65.6	75.3	45.2	76.2	66.2	65.0	42.4

（A問題は基礎的知識，B問題は知識活用に関する問題）

問題の成績はA問題より低い。A問題を解決するための能力をいっそう確かなものにしつつ，B問題においても高い得点がとれるようにしていくことが，今回の学習指導要領の改訂の意図の1つであるといえる。

b　国際的に定義される能力

　本邦における教育の振興および生涯学習の推進にあたっては，文部科学省に設置された中央教育審議会（中教審）が重要事項に関し調査・審議し，文部科学大臣または関係行政機関の長に意見を述べることになっている。その中教審で取り上げられたテーマに，経済協力開発機構（OECD）による「キー・コンピテンシー」がある。コンピテンシー（能力）とは，単なる知識や技能だけではなく，技能や態度を含むさまざまな心理的・社会的なリソースを活用して，特定の文脈で複雑な課題に対応することができる力のことである。なかでも「主要な」コンピテンシーと定義される，「キー・コンピテンシー」は，具体的には，①社会・文化的，技術的ツールを相互作用的に活用する能力，②多様な社会グループにおける人間関係形成能力，③自立的に行動する能力，という3つのカテゴリーで構成される（表5-2）。この能力は，国際学習到達度調査（PISA）で測定される。PISAは3年に1回，高校1年生を対象に実施され，OECDに加盟する35カ国中と，非加盟国も含む72カ国中の順位がそれぞれ公表される（表5-3）。PISAにおける日本の国際的順位が一時下落したことは大きなニュースとなった。しかしながら，直近の2015年の結果では，日本の生徒は，科学的リテラシー，読解力，数学的リテラシーのすべての分野において成績良

表5-2 OECDによる3つのキー・コンピテンシー

1. 社会・文化的,技術的ツールを相互作用的に活用する能力
・言語,シンボル,テクストを活用する能力 ・知識や情報を活用する能力 ・テクノロジーを活用する能力
2. 多様な集団における人間関係形成能力
・他人と円滑に人間関係を構築する能力 ・協調する能力 ・利害の対立を御し,解決する能力
3. 自立的に行動する能力
・大局的に行動する能力 ・人生設計や個人の計画をつくり実行する能力 ・権利,利害,責任,限界,ニーズを表明する能力

表5-3 PISAにおける日本の順位と得点の推移

分 野	2000年	2003年	2006年	2009年	2012年	2015年
科学的リテラシー	—	—	3位(6位)	2位(5位)	1位(4位)	1位(2位)
読解力	8位(8位)	12位(14位)	12位(15位)	5位(8位)	1位(4位)	6位(8位)
数学的リテラシー	—	4位(6位)	6位(10位)	4位(9位)	2位(7位)	1位(5位)

OECD加盟国内の順位(カッコ内は,非加盟国も含む順位を示す)

好であった(読解力の平均得点低下は,新たに導入されたコンピュータを使用した試験形式に不慣れだったためと考えられている)。また,今回のPISAでは,3つの分野に加えて協同学習の能力についても評価されたが,結果は上々であった。

c 人工知能研究からわかったこと

　チェス,将棋,囲碁などの知的なゲームにおいて,人工知能(AI)が人類代表を負かしてしまう。また,医師が原因をつきとめられなかった非常にまれな疾患を,AIが正しく診断する。われわれの脳が情報を処理するシステムにすぎないと考えれば,技術発展により圧倒的な情報処理速度を有するAIがわれわれの知的能力を追い越す技術的特異点(シンギュラリティ)が到来す

る。そして，さまざまな仕事がAIに奪われるのではないかという不安が生じている。しかしながら，AIが行えるのは与えられた目的の中の処理だけであり，目的を自ら考え出すことはできないため，人類のすべての知的な能力をAIが代替することはありえない。一方，目的が明確な業務はAIが代替することが可能であり，将来の職業人を育成するための学校教育のあり方についても再考する必要が生じた。

東ロボ君というAIを"教育"し，東京大学の入試突破をめざした研究プロジェクトがある（新井，2018）。私立の難関大学に合格することができるレベルに到達したが，どうやっても東大に合格するレベルには到達できないことが明らかになり，いくらAIの計算処理速度が向上したとしても，決して人類を超えることができない壁があると結論した。その原因の1つが，AIが意味を理解することができないという点である。そして，意味が理解できない東ロボ君の犯す誤りのパターンは，現代の大学生における読解の誤りにおいても同様に見られるとのことである（新井，2018）。人類の頭脳がAIに完全に代替される心配はしばらくなさそうであるが，意味を理解することができないAIと同じレベルに大学生の読解レベルがあるという新たな危惧が指摘されることとなった。

2 知能

a 知能とは何か

知識や技能を獲得するスピードが速かったり，より深く獲得できたりする生徒がいる。そのような生徒は，一般に知的な能力すなわち**知能**が高いと考えられる。一言に知能というものの，いわゆる項目の暗記が得意な生徒もいれば，数学的思考が得意な生徒もいる。友人とすぐにうちとけて，良い関係を持続させることが得意な社会的な技能が高い生徒もいる。すべて社会生活を営むうえで必要な能力である。知能は互いに異なる複数の能力より構成されているのであろうか。自身の小学校時代を思い返してほしい。勉強のできる児童は，運動や楽器の演奏もそれなりにできるし友人もたくさんいる，そしてそのまったく反対のこともあった，という経験がないだろうか。すなわち知能にかかわる一

般的な因子が存在しているようである。一方で，特定の科目においてのみ，他の科目よりも良い成績を示すことのある生徒の存在を考えれば，科目に特異的に関連する知能の因子というものが複数ありそうである。前者の説は**スピアマン**，後者の説は**サーストン**の知能観に代表される。

スピアマンは，さまざまな知能検査で得られた結果から，課題に共通して関連する因子を一般因子と名づけ，個別の課題毎に特異的にかかわる複数の因子を特殊因子とし，知能の二因子説を唱えた。一方，サーストンは，語の流暢性，言語理解，空間，数，記憶，推理，知覚速度という7つのそれぞれ独立した因子からなる知能の多因子説を唱えた。現在も一般因子の存在を認める立場と，独立した多因子の存在を主張する立場の論争が続いている。それに加えて，知能の柔軟でダイナミックな側面を盛り込んだ理論も展開されている。たとえば，キャロルによって提案された知能の三層説では，一般知能に相当する第三層を頂点とし，異なる知的能力からなる第二層，さらに下位の個別の知的能力を第一層と考える。また，キャッテルが区分した流動性知能（帰納・演繹推理）と結晶性知能（知識獲得・言語理解能力）を含む知能の三本柱理論もスタンバーグにより唱えられている。**ガードナー**（Gardner, 1999）の多重知能理論では，言語的，論理・数学的，空間的，音楽的，身体・運動的，社会的，個人内，博物学的の8つの知能が提唱されている。従来の知能観が，知識を蓄えることや，論理的に思考する能力，計算する能力のみであったのに対し，改訂された学習指導要領において重視されているような，日常生活に知識を活かしていく能力，社会において他者とうまく協調して問題を解決していく社会的な能力の重要性を指摘した先駆けである。

b　知能の測定

知能を測定する検査である知能検査には，大きく分けて2つある。**ビネー式**と**ウェクスラー式**である。ビネー式は全体的な知能を明らかにするもので，学校をはじめとする教育現場で用いられることが多い印象である。一方，ウェクスラー式は複数からなる知能それぞれについての成績を明らかにする。事故や病気で脳に部分的に損傷を負った患者の知能測定や，発達に偏りがあると考えられる発達障がい（DSM-5では神経発達障害という。第3章参照）の診断の

補助などに用いられることもあり，医療機関で用いられることが多い印象がある。

日本で用いられるビネー式の知能検査は，田中ビネー式知能検査である。1937年版スタンフォード・ビネー検査を基礎として標準化され，改訂を繰り返し，2018年現在は田中ビネー知能検査Ⅴが最新版である。ビネー式知能検査では，子どもが合格した年齢級をもってその子どもの精神年齢とする。精神年齢10歳は，10歳の児童の平均的知能水準と同等であることを意味する。その結果は，シュテルンが考案した知能指数（IQ）の概念を用いて記述することにより，受検者の発達の程度を直感的に理解しやすいものとしている。IQは以下の式で表される。

$$IQ = \frac{精神年齢}{生活年齢} \times 100$$

ここで，生活年齢とは実年齢のことである。たとえば，生活年齢が10歳（5年生）の児童が，検査によって12歳（中学1年生）の精神年齢を持つことが明らかになれば，IQは120となる。子どもの発達はめざましく，子どもの時期の精神年齢1年の差は大きい一方，成人における1年の差はそれほど大きくない。IQを求める公式は，精神年齢と生活年齢が比例して直線的に発達することを前提にしているため，IQが年齢とともに低下することになってしまう。そのため，スタンフォード・ビネー検査や田中ビネー知能検査Ⅴにおいては，偏差IQと呼ばれる概念が導入されている。これは学力テストにおける偏差値の考え方と同じであり，受検者の知能が平均からどの程度隔たっているのかを理解するのに有用である。

$$偏差IQ = \frac{16 \times (個人の得点 - 同じ年齢集団の平均)}{同じ年齢集団の標準偏差} + 100$$

ビネー式の検査では，年齢段階の低い順から始まり，徐々に高い年齢の問題を解決していき，解答に失敗した年齢段階をもとに単一の精神年齢やIQが算出された。一方，ウェクスラー式の知能検査においても，しだいに問題が難しくなっていく点は同様であるが，複数の下位検査によって構成されているとこ

ろがビネー式と大きく異なる。たとえば，ウェクスラー式成人用知能検査（WAIS）においては，言語性課題と動作性課題という2つの課題が用意されており，それらはさらに7種の下位検査に分割されている（表5－4）。それぞれの下位尺度ごとに得点を算出することができ，言語性IQ，動作性IQ，全検査IQを，偏差IQとして求めることができる（ウェクスラー式の偏差IQは上述の田中ビネー

表5－4　WISC-IVの構成

言語性課題	動作性課題
単語	絵画完成
類似	符号
算数	積木模様
数唱	行列推理
知識	絵画配列
理解	記号探し
語音整列	組合せ

知能検査Vで用いた式において，16のかわりに15を用いて計算する）。さらに，下位検査の特定の組み合わせにより，言語理解，知覚統合，注意記憶，処理速度の群指数と呼ばれる指標が算出され，知的能力の詳細な分析が可能になっている。ウェクスラー式の検査は，WAIS（16～89歳向け）のほかに，児童用のWISC，幼児用のWPPSI（3歳10カ月～7歳1カ月向け）があり，年齢に応じて用いる検査キットが異なる。2018年現在，WAISはWAIS-III，WISCはWISC-IV，WPPSIはWPPSI-III（2歳6カ月～7歳3カ月向け）が最新版である。

3　学習のメカニズム

a　学習の定義

学習とは，何らかの経験によって生じる比較的永続的な行動の変容と定義されている。先行経験によって生じる変化であり，疲労や薬物の影響下による一次的な行動の変容は学習とはいわない。また，発達にともなって，これまでできなかった行動ができるようになる場合は成熟といい，これも学習とは考えない。学習を，非連合学習，連合学習，認知説に分類して以下に詳しく解説する。

b　非連合学習

同じ刺激が同じ場所に提示されると慣れが生じ刺激に対する反応が鈍くなる。これを馴化という。たとえば，朝にはいた靴下が少しきついなと感じたとして

も，10分もすれば慣れてしまい，何も感じなくなる。寝ている猫の名前を繰り返し呼ぶと，はじめは目を開けてこっちを見るかもしれないが，そのうち反応しなくなる。馴化が生じたのである。ここで，誤ってやかんを落としてしまう。呼ばれた名前には反応しなかった猫が，同じ聴覚的刺激であるにもかかわらず，やかんの音には耳をそばだて目を開ける。これが脱馴化である。馴化の解除である脱馴化の後は，再び馴化が生じるまで猫は名前に反応するだろう。教室にあてはめてみよう。教員が単調に教科書を読んだり板書を続けたりするだけであると，馴化が生じて学生は興味を失ってしまう。居眠りを始める学生もいるだろう。そのような場合には，生徒に教科書を読ませたり，ビデオ教材を視聴させたり，ワークを挿入したりして気分転換を図るのは，脱馴化を生じさせようとしているといってもよいだろう。

　一方，鋭敏化は，経験した刺激に対してより敏感に反応するようになることである。大地震を経験した後は，小さな余震でも敏感に反応する。天ぷらをあげていて腕に油がはねて痛い思いをした後では，少しの油はねにも敏感になる。馴化も鋭敏化も過去の経験が，今受容している刺激への反応を変化させるという点で「学習」の一形態である。

C　連合学習

　馴化や鋭敏化は非連合学習といわれる一方，刺激と刺激，または刺激と反応の結びつきを学習するという意味で連合学習と呼ばれる学習には，**古典的条件づけ**と**道具的条件づけ**がある。前者は刺激（S）と刺激（S）の関係の学習のためS-S連合，後者は刺激（S）と反応（R）の関係の学習のためS-R連合と呼ばれる。なお心理学では，条件「づけ」とひらがなで表すことが慣例である。古典的条件づけにおいて重要な用語は，中立刺激，無条件刺激，無条件反応，条件刺激，条件反応，（古典的条件づけにおける）強化である。刺激は生体に知覚可能なものであれば，基本的にどのような刺激であってもよい。無条件刺激と無条件反応の間には，動物に生来備わっている刺激と反射（反応）の関係があることが前提である。たとえば，眼球に空気が吹き付けられたときには，まぶたが閉じる瞬目反射というものが存在する。耳元で大きな音が生じると身がすくむという驚愕反射が生じる。口の中に食べ物が入ってくると，唾液腺か

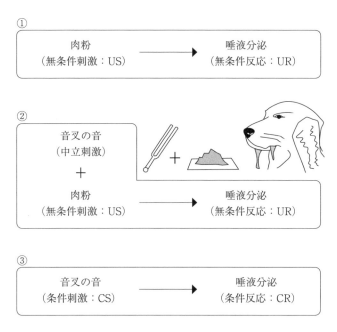

図5−2 古典的条件づけの手続き

イヌにとって，音叉の音は中立刺激であり唾液分泌を生じさせることはない．①イヌの口内に肉粉（US）を与えると，唾液分泌（UR）が生じる．②音叉の音（中立刺激）と肉粉（US）の対呈示を行うと，③古典的条件づけが成立し，音叉の音（CS）が唾液分泌（CR）を生じさせるようになる．

ら唾液が分泌される．

　音叉から発せられる音により，イヌが唾液量を増加させるというパブロフの実験を例に古典的条件づけのメカニズムを説明しよう（図5−2）。最初は音叉の音は中立刺激と呼ばれる。中立刺激は，その刺激が呈示されても何の反応も生じないという意味で「中立」である．ただし，音のような中立刺激の場合，その刺激がどこから発せられているのかを知ろうとするような定位反射が生じる．口の中に肉粉という食べ物が入ることは無条件刺激（US）であり，無条件反応（UR）としてイヌの意思とは関係なく反射的に唾液が分泌される．音叉の音，肉粉の順に刺激を呈示することを繰り返す．このような中立刺激と無条件刺激の対呈示を行うことを強化といい，音叉の音に対して唾液が分泌さ

れるようになる。中立刺激であった音叉の音が条件刺激（CS）となり，条件反応（CR）である唾液分泌を生じさせるようになったのである。パブロフがその原理を体系化したことから，パブロフ型条件づけのほかにレスポンデント条件づけとも呼ばれる。梅干しという言葉を耳にすると唾液が溢れてくるのも同様の原理である。はじめは好きでも嫌いでもなかった中立な対象が，嫌いになったり恐怖の対象となったり（恐怖症），一方でなんだか好ましいもののように思えたりする（商品の宣伝）現象には，古典的条件づけがかかわっているケースも少なくない。特定の対象に対する強い恐怖のために社会生活をうまく送れなくなると治療の対象となりうる。不適切に獲得されてしまった古典的条件づけは，学習理論で明らかにされた「消去」と呼ばれる手法を用いて解除することができる。この原理は，行動療法の1つであるフラッディング，暴露療法，系統的脱感作法にも利用されている。特定の対象に対する過剰な恐怖（恐怖症）や偏愛（フェティシズム）などは，無条件刺激を呈示せずに条件刺激のみを呈示するという消去の手続きで減少させることができる。

　道具的条件づけでは，刺激（S）と反応（R），S-Rの連合が行われる。道具的条件づけの成立には刺激，反応，強化子の3つの項目が連続して登場することが必須であり，これを三項随伴性と呼ぶ。たとえば，児童が机の横に落ちていたゴミ（刺激）をなんとなくゴミ箱に持って行ったとき（オペラント反応），教員にほめられる（強化子）とする。すると次にゴミを見かけたときにも，同様にゴミ箱へ持って行くという行動が出現する頻度が上昇する。オペラント反応とは，環境を操作するために自発的に行う行動を示す用語である。また，オペラント反応の後に強化子が与えられ，反応の出現頻度を増加させることを（道具的条件づけにおける）強化と呼ぶ。実験動物を用いた例では，オペラント箱の側面のランプが点灯し（刺激），ハトがそのランプをつつく（オペラント反応）と餌（強化子）が与えられる場合，ランプが点灯するたびにそのランプをつつくようになるだろう。対照的に，ほめられないまたは餌が与えられない場合には，そのような反応は生じない。**スキナー**は，**オペラント条件づけ**における三項随伴性についてこのように明確に定式化した。しかし自発的な反応の後に望ましい結果が生じるとその直前の反応の自発頻度が上昇するという基本的な原理については，「効果の法則」として，すでに**ソーンダイク**がネコを被験体とし，

問題箱と呼ぶ装置を用いて明らかにしていた。同時に，この効果の法則は，自発的な反応の後に何も良いことが生じなければ，その反応は減少するということも予測する。すなわち，せっかく子どもが気まぐれにお手伝いをしても，ほめられるということ（強化子）がなければ，その反応は減少することが予測されるのである。しつけの中には，望ましい行動を賞賛するなどの方法が取り入れられているのはこのためである。

しかし，どのような反応を強化すべきかについては注意が必要である。たとえば，ほめて勉強させる場合である。良い点をとってきたことに対しご褒美をあげる場合，生徒は手段を選ばずに，たとえばカンニングを行うことで良い点をとることを学習してしまう可能性もある。一方で，読書をしていたり机に向かって勉強をしているときにほめたりご褒美を与えることで，勉強するという行動が強化され，前者のような心配はなくなる。

d 認知説

非連合学習や連合学習は，われわれの日常生活にありふれており，ほとんど気がつかないほどである。しかしながら，それでもまだ両者だけでは説明のつかない学習が存在する。学習の認知説である。

ケーラーは，チンパンジーを用いた実験により，洞察学習の存在を示した。チンパンジーが過ごす広場の頭上高くにバナナを吊り下げ，足場となるような木箱が複数個置かれた。この木箱を3つ重ねればバナナに届くことができる。しかし1つの木箱の上に乗っても十分な高さは得られない。ほどなくしてチンパンジーは一度も経験したことがないにもかかわらず，3つの木箱を重ねてバナナを取ることに成功した。過去にそのようなことを行った経験はないことから，オペラント条件づけでは説明できない。木箱を重ねればバナナに手が届くことに洞察によって気づいたと考えられている。

強化子が与えられなくても生ずる自発的な学習というものもあるのではないだろうか。トールマンとホンジック（Tolman & Honzik, 1930）は，餌の置かれていない迷路にラットを入れた。ラットは迷路内を一見無目的に動き回っていたが，ひとたび餌を獲得することができるゴールが設定されると，すぐにゴールに向けて最短のコースを選ぶことができた。餌が与えられていないもかかわ

らず，すなわち強化されていないのに，ラットは迷路の状況を学習していたと考えられる。餌が与えられるまでは迷路を学習しているようには見えなかったことから，このような学習は潜在学習と呼ばれ，餌のない状態でもラットが認知地図と呼ばれる脳内地図をつくり上げていたと考えられている。

　バンデューラ（Bandura, 1965）は，自分自身が直接強化されなかったとしても，他者が強化されているのを目にすることにより，学習が成立することを明らかにした。代理強化である。たとえば，友だちが元気な挨拶をして教員にほめられているところを見た生徒が，自ら元気な挨拶をするようになる。観察学習あるいは社会的学習と呼ばれ，家庭や教室などで頻繁に行われている。直接道具的条件づけが行われたわけではないことから認知説に分類される。

4　学習の基盤としての記憶

a　短期記憶

　ミラーは，一時的に記憶するために用いられる**短期記憶**の容量を「マジカルナンバー 7 ± 2」と呼んだ。すなわちわれわれは，五感から得た感覚記憶の中の特定の情報に注意を向けた結果，5～9の項目であれば短期間忘れないでいることができる。ここで項目という言葉を用いたが，単純に 7 項目を意味するわけではない。意味のある 1 つのまとまりをチャンクと呼び，7 チャンクまで覚えることができるということである。意味のない文字や数，絵などを意味のあるまとまりとして再構成するチャンキングを意識的に行うことで，7 項目以上の内容も保持することが可能になる。また短期記憶は，あたかも頭の中で声に出して読み上げているかのように音響的に蓄えられている。リハーサルと呼ばれる繰り返しを行うことにより，その項目を短期記憶内にとどめておくことができるが，リハーサルしなければ 18 秒程度で失われてしまう。なお，単に時間経過に従って衰退するのではなく，意図的に書き換えながら短時間保持される記憶をバッドリーは作業記憶（ワーキングメモリ）と呼んだ（Buddeley, 2000）。計算問題を解いたり，小説を読んだりするときに必要となる記憶である。

b 長期記憶

長期記憶は，短期記憶と異なり容量は無制限であり，内容は音響的ではなく体制化されて保存されている。その記憶内容を調べると，言葉で表現しやすい宣言的記憶とそれが容易ではない非宣言的記憶に分けることができる。さらに宣言的記憶は，エピソード記憶と意味記憶に分けられる。たとえば，朝食に何を食べたか，そもそも朝食を食べたか否かのような個人的な体験であるエピソード記憶は，記憶の重い障害であるアルツハイマー病の患者では思い出しにくい。「イカは無脊椎動物である」とか，「衆議院の定数は465人である」などの知識や言葉の意味は意味記憶で，学校での教科学習の多くが関連している。非宣言的記憶は，具体的には技能など体で覚えるような手続き的記憶とされ，楽器の演奏方法を学んだり，ぞうきんの絞り方を学んだりすることなどである。

c 記憶の研究が教える効率的な学習

(1) 有意味受容学習

学習者がすでにつくり上げている知識の体系に新たな知識を関連づけながら定着させていく学習のことを**有意味受容学習**という。意味を理解し，これまでの出来事や学んだことに関連づけながら学習すると記憶に定着しやすい。対照的に，そのような意味の理解や関連づけを行わず丸暗記するのが機械的受容学習である。たとえば，パソコンのブラウザを立ち上げて，まったく読むことができない言語を使う国のホームページを探し，20秒間暗記して，それを紙の上に再現してみよう。写真や記号，アイコンの一部などは再現することができたかもしれないが，すぐに内容が尽きてしまうだろう。意味がわからなければわれわれは丸暗記（機械的受容学習）に頼るしかない。丸暗記は非常に効率が悪い暗記法なのである。一方，日本語のニュースのページなどを立ち上げて，同じく20秒間暗記し同様に紙の上に再現してみよう。見出し，写真，大まかなニュースの内容，同時にあげられていた広告商品の名前など，さまざまなことが思い出され5分程度は描いていられる。このように意味を理解して学習することは記憶に定着させることの第一歩なのである。暗記しなくてはならない項目が盛りだくさんな講義においては，新たな項目とこれまでの学習内容

や生活経験との関連を説明したり，考えさせたりする時間が十分でなく，丸暗記を強いることになりがちである。そのような機械的受容学習の場合，記憶の定着が甘く，一部の学習者を取り残すことになりかねない。無味乾燥な丸暗記に陥らないように，教員はそれらの項目の意味やこれまで学習したこととの関連，なぜその名称がついたのかについて説明することが大事である。また，児童・生徒が互いにその項目の意味を確認し合ったり，自分の生活との関連について話し合ったりする時間を設けることなども重要であろう。

　オーズベルは，有意味受容学習における**先行オーガナイザ**の重要性を指摘している。先行オーガナイザとは，ある学習に先立ち，すでに学習した内容や生活経験などに関連した内容をコンパクトにまとめたものである。意図的に先行オーガナイザが呈示されると，その後の学習内容は，先行オーガナイザの内容と関連づけられるため学習が促進される。実際の授業においては，先行オーガナイザを予習として呈示することもできるし，授業の導入時に呈示することもできるだろう。先行オーガナイザには説明オーガナイザと比較オーガナイザが存在する。前者は学習内容が新奇な場合，後者は類似の概念をすでに習得済みの場合に効果的である。

(2) 想起の重要性

　必要のない情報は忘れられてしかるべきである。何度も繰り返し用いたり，社会生活や学校生活において何度も参照しなくてはならない情報は覚えておくべきであるし，自然と身につく。繰り返し想起するという行為は，記憶をより強くするのに役立つ。ニューロンのレベルでいえば，必要な回路が強化され，不必要な回路の働きが弱められ，明確な記憶として再体制化されるのである。ラインマーカーで鮮やかに彩られた教科書を読み返しても，それは記憶の定着にはほとんど役に立たない。短期記憶として貯蔵された内容が忘れ去られればそこで終わりである。一方，自ら積極的に自分に問題を出して，記憶されているか否かを確認し，忘れてしまっていたとしてもあきらめずに想起を繰り返すことがもっとも効率的な学習方法である (Brown et al., 2014)。

(3) 再生と再認

　教員が記述式テストを出す場合，大きく2つの形式がある。空欄に入れるべき語句を記述させる形式と，選択肢の中から選ばせる形式である。後者の形式

のほうが生徒には歓迎される。なぜなら，前者よりも後者のほうが思い出しやすい，すなわちテストで高成績が得られやすいと感じるからである。前者は記憶想起における再生であり，後者は再認という。再生は再認よりも苦労するため心理的な疲労感も強い。

(4) 符号化特定性原理

ある事柄を記憶するとき，記憶すべき事柄だけではなく，同時にその時間，その場所に存在する文脈と呼ばれるものと結びつけられて記憶される。これは符号化特定性原理と呼ばれる。紅茶に浸したマドレーヌを食べた瞬間に，子どもの頃の記憶が溢れ出てきたプルーストの小説から，プルースト効果と呼ばれる現象もこれと関連する。極端な例では，水中で暗記した内容は，陸上よりも水中で再生したほうが成績が良いという報告もある。これも文脈になるのである。

5　主体的な学び

ブルーナーが提唱した発見学習は，学習者が主体的に知識を求めていく過程において，知識のみならず問題解決方法も身につける学習方法である。課題の把握，仮説の設定・精錬・検証，まとめによって構成される。教員のかかわり方が難しいとされるが，うまくいけば問題解決能力や高い内発的動機づけが養われると考えられている。文部科学省はアクティブ・ラーニングを，「教員による一方向的な講義形式の教育とは異なり，学修者の能動的な学修への参加を取り入れた教授・学習法の総称。学修者が能動的に学修することによって，認知的，倫理的，社会的能力，教養，知識，経験を含めた汎用的能力の育成を図る。発見学習，問題解決学習，体験学習，調査学習等が含まれるが，教室内でのグループ・ディスカッション，ディベート，グループ・ワーク等も有効なアクティブ・ラーニングの方法である」と定義している。発見学習がアクティブ・ラーニングを実現する重要な概念を構成していることがわかる。

考えてみよう・話し合ってみよう ⑤

　知能水準から予想されるよりもはるかに低い学業成績を示す児童・生徒のことをアンダーアチーバーといいます。反対にオーバーアチーバーとは，知能水準から予想されるよりもはるかに高い学業成績を示す者のことです。アンダーアチーバーやオーバーアチーバーが現れる原因について広い視点から話し合ってみましょう。また，アンダーアチーバーの学業成績を向上させる方法や，オーバーアチーバーをそのままにしてもよいかどうかなどについても話し合ってみましょう。

第6章
やる気を高めさせるチカラ

　期末試験の前,「試験勉強,しなくちゃ」とわかっているが,すぐに勉強を始めずに,机の上や周囲を整理整頓(せいとん)したり,掃除しようと思い立ったりする。たとえ快適な環境を整えても,肝心の勉強をなかなか始められない。馬を水辺に連れていっても水を飲ませられるとは限らないというように,環境を整えただけで行動を引き起こせるとは限らない。本章では,やる気の仕組みについて見わたしてみよう。

> **キーワード**
> 動機づけ,内発的動機づけ,有能感,外発的動機づけ,機能的自律,アンダーマイニング効果,達成動機,学習性無力感,帰属理論,知的好奇心
>
> **キーパーソン**
> デシ,アトキンソン,セリグマン,ワイナー,ドゥエック

1　動機づけについて

a　動機づけとは何か

　入学試験の合格をめざして,参考書や問題集を使って熱心に勉強に励んでいるとしよう。この場合,「無事に合格したい」という動機が背景にある。動機とは,人をある行動へ駆り立てる内的な力のことをいう。その後,「合格をめざして勉強を始め,熱心に続けている」という**動機づけ**があるとみなす行動をとっている。動機づけとは,一定の方向に向けて目標に向かって行動を開始し,それを持続させる一連のプロセスである。つまり,「入学試験の合格をめざして」が一定の方向に向けての目標であって,「勉強を始め」が目標に向かっての行

動開始であり，さらには，「熱心に勉強を続ける」が行動を持続させることをさすため，それゆえに，動機づけあるいは意欲があるといえるのである。

動機づけの大きな特徴は，目標に向かって開始された行動が「持続される」ことである。たとえば，今日から毎日，勉強を始めたとしても，すぐにやめてしまうということでは，動機づけがあるとはいえない。すぐにやめずに行動を持続することを高めるためには，明確な目標があり，その目標が重要であると考えることが必要となる。

以上のような動機づけは，勉強，運動や仕事などの社会的行動にかかわる動機づけとなるのであるが，空腹，喉の渇きを満たすことや眠気を解消するなどの生理的行動にかかわる動機づけについては，動機を動因，目標を誘因と置き換えて考えるとよい。動因は空腹や喉の渇き，眠気などの生理的な不均衡な状態のことであり，誘因は食べ物や飲み物，睡眠などの動因を解消する環境内の刺激のことをいう。「眠気があるので，睡眠に時間をとり，寝て起きる」は，動因が眠気で，誘因が睡眠をとることと説明ができるのである。

b　欲求の種類

欲求は，人間が行動する際の根源的な内的エネルギーであり，動機づけのプロセスにおいて重要な心の働きとなる。つまり，欲求は動機そのものの背後にある内的なエネルギーであり，漠然とした「こうしたい」という気持ちをいう。欲求は動機とは異なり，一定の方向に向かう明確な目標はほとんどない。たとえば，「先生に認められたい」という承認の欲求は漠然とした気持ちであり，何をどのように認められたいのかという明確な目標があるわけではない。このような欲求が生じると，教員がどのように子どもに期待をするのかという，その人をとりまく環境や，勉強が重要と思っているという，その人の特性などから，先生や周囲の友だちから「勉強ができる」と思われたいという明確な目標をともなう動機が生起し，その目標の達成に向けて試験勉強をするなどの具体的な行動が引き起こされるのである。

図6-1のようにマズロー（1968）は欲求を5つの階層に分けて説明した。これを欲求階層説と呼び，低次の欲求から高次への欲求へ順に，①生理的欲求，②安全の欲求，③愛情と所属の欲求，④承認の欲求，⑤自己実現の欲求が存在

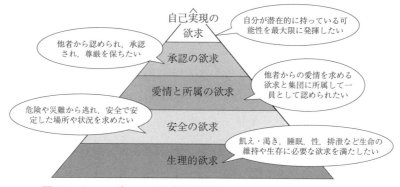

図6-1　マズローの欲求階層説（Maslow, 1968をもとに作成）

することを示している。喉の渇きや飢えを満たすなど生命維持に必要な生理的欲求は乳児期から抱くものであり，身の安全を求めるという安全の欲求は幼児期に芽生える。また，他者からの愛情や集団としての居場所を求める愛情と所属の欲求は児童期から，他者から認められたい，承認されたいという承認欲求は思春期に抱くもので，これらはみな欠乏欲求とも呼ばれる。そして人間としてのいわば成長欲求として，自分らしく生きたいという自己実現の欲求の充足をめざすのは青年期といえ，発達にともなって欲求が芽生えることがわかるだろう。この自己実現欲求に至るまで，低次欲求である生理的欲求から順番に高次欲求に向かって満たしていかなければならないとマズローは主張している。このような欲求が存在してこそ，動機が生まれ，動機づけられ，人間は行動に移すことができるのである。

2　動機づけと自律性

a　内発的動機づけと外発的動機づけ

自分はなぜ勉強するのかと考えたときに，勉強そのものが好きで，興味があるから楽しくてやると答えることもある。このようにその行動が興味や関心，知的好奇心などから開始，維持されるものを**内発的動機づけ**と呼ぶ。サルも内発的動機づけを抱くことは，リンゴなどの餌の報酬がない状況でもサルがパズルを熱心に解こうとしたハーローら（Harlow et al., 1950）の実験でも明らか

である。また，バーライン（Barlyne, 1957）は，乳児がより新奇でより複雑な図形を注視し続ける実験を行い，早い時期から内発的動機づけが存在することを確認した。

　知的好奇心は，内発的動機づけの開始の際に強くかかわることが指摘されている。内発的動機づけが開始されると，**有能感**（コンピテンス）という周囲への環境に対して効果的にかかわろうとする意欲が，この内発的動機づけを維持するかどうかに強くかかわっている。有能感とは，自分が持っている能力を最大限に発揮し，環境と相互作用をしようとするプロセスにおいて自分自身の能力を追求しようとする能力や意欲と考えることができる。

　では，自分はなぜ勉強するのかと考えたときに，試験で良い成績をとったら，ご褒美としてお小遣いをもらえるからと答える場合もある。これは，他者がご褒美という外からの働きかけを行うことにより行動が開始され，維持されることから，**外発的動機づけ**と呼ばれる。外発的動機づけとは，たとえば課題ができたらノートに大きな丸をつけることや，校庭をマラソンして一周するたびにシールをもらえる，宿題をやっていかないと休み時間に遊べないなどが該当し，行動を引き起こすためには報酬や罰などの強化が必要であると考える道具的条件づけの考え方と一致するところがある。

　すなわち視点を変えて考えると，内発的動機づけと外発的動機づけは行動における「目的」と「自律性」から分けることができるといえよう。内発的動機づけは，勉強することそれ自体が「目的」であり，自分の意思において「自律的」に勉強しようとするもののことをさすのである。この内発的動機づけは，それ自体が目的であることから熱心に取り組むことにつながる。また外発的動機づけは，勉強することそれ自体が「目的」ではなく，別の何かを「目的」として，「他律的」に勉強しようとするもののことをさすのである。この外発的動機づけは，別な何かを目的として行動に移すという特徴があり，自ら熱心に取り組むことにつながらず持続しにくいといえる。

b　内発的動機づけから外発的動機づけへ

　外発的動機づけは望ましくない動機づけのようにも見えるが，外発的動機づけの中にも望ましいものは存在する。図6-2のように外発的動機づけは自律

第6章　やる気を高めさせるチカラ　99

図6-2　自律性と動機づけの分類（Deci & Ryan, 2002 を参考に作成）

性の程度で3つの種類に分類することができる。自分にとって必要なので勉強をするのは、内発的動機づけの興味や関心からくるものではなく、将来のために必要と考える外発的動機づけによる。これは自律性が高い外発的動機づけに位置づけられる。また、ある程度自律的な外発的動機づけには、やらなければならないと自分で思い勉強するといった外発的動機づけが該当する。

　これらの外発的動機づけは、はじめは仕方なく取り組んでいたが、取り組んでいくうちに楽しくなっていき、自発的に勉強するように変化していった結果である。つまり外発的動機づけが内発的動機づけへと変化したのである。自律性が低い外発的動機づけを内発的動機づけへと変えようとするとき、すなわち仕方なく取り組んでいる人に対して楽しいので取り組むといったことへと変化させるのはとても難しい。しかしその第一歩として、自律的な外発的動機づけのように、自分の将来のためなので取り組むという気持ちが持てるように働きかけながら、取り組むことへの楽しさや興味や関心を少しでも示せると、その人のやる気も変化しやすいであろう。このような外発的動機づけから内発的動機づけに移行する変化を**機能的自律**と呼ぶ。

　ライアンら（Ryan et al., 1985）は、外発的動機づけから内発的動機づけに

移行するプロセスにおいて，4つの段階を提唱している。これを図6－2を用いて説明することができる。第一は外的に制御されたもっとも外発的な段階（自律性が低い外発的動機づけ）で，他者からやりなさいと言われて仕方なくやっている状態である。親から勉強をやりなさいと言われてやっているのが，この段階にあたる。第二は注入といわれる段階（ある程度，自律的な外発的動機づけ）で，本当はその行動について大切であると思っていないが，他者から言われる前にその行動をやるべきであると理解していて，外的に完全に制御されているわけでなく，すべき行動であるという認識を持って取り組んでいる。定期試験が近づくと自分では勉強をやらなければならないと思い，やろうとするのがこの状態である。第三は同一化または統合化の段階（自律性が高い外発的動機づけ）で，その行動については自分自身にとって必要であると考え，行動の利点を自分で認知して進んで行動をする。将来のスキルアップのために勉強をしようとするなどの何かの利点を認知して行動を起こす場合である。第四は自己目的的に活動する内発的動機づけの段階（内発的動機づけ）で，自分自身にとってその行動自体が必要であるので，その行動をとろうと認知する。

c 内発的動機づけにおける行動への報酬は逆効果

乳幼児期の子どもは，興味や関心からさまざまな対象に注意を向けかかわっていく。好奇心も芽生え，1つの取り組みに飽きることなく行動を続ける姿が見受けられる。ところが，学校に入った子どもたちの様子は，内発的動機づけが低く学びが受動的となっていることが多いように見える。内発的動機づけによって，知的好奇心などで意欲的に取り組んでいる行動に対して外的な報酬を与えるという条件を提示すると，報酬が与えられなくなった後に，意欲的に取り組んでいた行動に対する内発的動機づけが低下する現象が存在する。このような報酬，監視状況，期限の設定，評価教示などのような外的な拘束をもとにした内発的動機づけに対するネガティブな影響を**アンダーマイニング効果**という。

レッパーら（Lepper et al., 1989）の有名な研究がある。ここでは幼稚園児を3つの群に分け，1つ目の群は絵を描く前に「絵を描いたら，ご褒美をあげる」という約束をして絵を描いてもらい（褒美約束あり群），2つ目の群は褒美を

あげる約束をせずに絵を描いてもらった後に褒美をあげ（褒美約束なし群），3つ目の群は褒美の約束もせず実際に褒美もあげない（統制群）の3つの条件で，これをふまえて実験が行われた。その後に，自由時間に幼稚園児が自主的に絵を描く姿を観察し，観察時間内での園児の姿を条件間で比較した。その結果，「褒美約束あり群」のみ描画の時間が短かった。この結果は，「褒美約束なし群」では，描画の時間に影響がなかったことから，褒美を与えるか否かということが問題ではなく，褒美を与えることを事前に約束をしたことが園児たちの自発的に絵を描く意欲を低下させたということが重要な知見である。一方，ほめ言葉などの言語報酬などによって，内発的動機づけにポジティブな影響を与えることもある。そのようなほめ言葉によって，内発的動機づけが高まる現象をエンハンシング効果という。

　デシとライアン（Deci & Ryan, 1985）は，自分の行動が報酬によってコントロールされている，つまり，自分の行動が外的な拘束によって引き起こされていると感じている場合，人間は自己決定感を失ってしまうことを指摘している。その結果として，自分のとっている行動に対しての内発的動機づけが低下してしまう。前述したレッパーの実験で褒美を与えることを事前に約束したこ

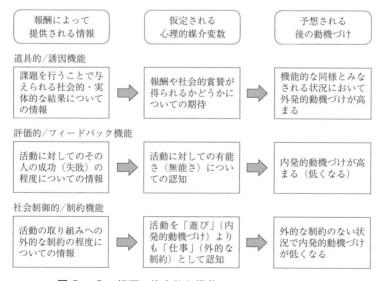

図6-3　報酬の複合的な機能（Lepper & Hodell, 1989）

とによって，自発的に絵を描く意欲の低下が起こったことも，幼稚園児からしてみれば，絵を描くという行動が褒美を与えられることによって引き起こされているとどこかで感じていたからではないだろうか。

さらにレッパーとホデル（Lepper & Hodell, 1989）は，報酬の複合的な機能について図6-3のように道具的／誘因機能，評価的／フィードバック機能と社会制御的／制約機能の3つに整理し，報酬によって提供される情報が，心理的媒介変数を介して後の動機づけに影響を及ぼすプロセスについて明らかにしている。報酬を与えられることによって，その人の有能さに関する情報が提供されたことで，その人自身が有能感を高めると考えられ，このような場合は行動に対する内発的動機づけが高まるのである。

3 認知が動機づけを変える

a 達成動機

ある目標に向かって何かを成し遂げようとする動機を**達成動機**といい，大きく2つに分けることができる。1つ目は成功接近動機で，たとえば陸上競技において自己ベストの記録を少しでも出そうと一生懸命にトレーニングに取り組む，いわば「自己ベストの記録をあげること＝成功すること」に動機づけられている。2つ目は失敗回避動機で，たとえばテストで不合格をとるという失敗をすることが嫌で一生懸命に勉強するという場合で，ここでは「テストで不合格になること＝失敗すること」に動機づけられている。

アトキンソン（Atkinson, 1964）は，達成動機の強さをこのような成功接近傾向と失敗回避傾向で説明している。成功接近は目標に向かって成し遂げようとする気持ちで，「成功接近欲求×主観的な成功率×成功の誘因価」として表され，成功の誘因価とは，成功したときに感じる誇りや有能感などの正の感情をさす。失敗回避傾向については，何かに取り組む際に失敗を避けようとする「失敗回避欲求×主観的な失敗率×失敗の誘因価」として表され，失敗の誘因価とは失敗したときに感じる悔しいなどの負の感情のことである。アトキンソンの理論からすると，成功接近傾向から失敗回避傾向を引いたものが達成行動の目安となる。要するに達成行動が起きるためには，成功接近傾向が強く，失

敗回避傾向が弱い場合であり，その逆である失敗回避傾向が強く，成功接近傾向が弱い場合には達成動機が起こらない。

運動競技でも採点を競うような競技，たとえばフィギュアスケートにおいては，競技直前までどの技で構成していくのか悩み，ためらうことが選手に見られる。これは，難度の高い技に成功したときには誘因価の加点が高くなるが，失敗したときには誘因価が低くなり減点も高い数値になるために加点と減点の差がつかないためで，成功接近欲求，失敗回避欲求，さらには主観的な成功と失敗の確率を参考に判断が迫られることに起因する。

b 学習性無力感

アメリカの心理学者である**セリグマンとマイヤー**（Seligman & Maier, 1967）は，なぜ人間は無気力になるのかに疑問を抱き，イヌを3群に分けた次のような動物実験を行った。まず3つのグループのイヌとも縛りつけるが，それぞれ異なる処置を行った。逃避不可能群は，電気ショックを与えるが，自分ではそれを止めることができない。逃避可能群は，電気ショックを与えるが鼻の近くにあるボタンを押すことによって止められる。統制群は，電気ショック自体を与えない。次に，シャトルボックスという中央の柵によって2つの部屋に区切った装置に3つの群のイヌを1匹ずつ入れる。ここでは再び電気ショックを与えるが，電気ショックに先立って予告信号としてブザー音を約5秒前に与えるが，5秒以内に柵を飛び越えられれば電気ショックを避けられる仕掛けになっている。

逃避不可能群のイヌは，シャトルボックスに入ると電気ショックを積極的に回避する方法を見つけようとせず，走ったり吠えたりすることもやめてしまい，電気ショックが止まるまで耐えて過ごした。これは，前述の処置経験によって，どのようなことをしても電気ショックから逃げられないことを学んでしまい，その経験がいざ電気ショックから逃げられる状況ができたとしても，自ら柵を飛び越えて電気ショックを回避しようとするやる気を起こさせなかったのである。

つまり，いくら自分の力で行動したとしても，結果として望む結果がまったく得られないという積み重ねを体験することによって，自らの行動に依存して

結果が生じる予期，すなわち「これをしたからうまくいったとか，うまくいかなかった」と，成功や失敗が自分の行動と連動しているかどうかという随伴性認知が成立できなくなり，「行動しても何も変わらない」という無力感を身につけてしまう。このような無力感を**学習性無力感**と呼ぶ。すなわち，電気ショックを回避しようとする動機づけが低下する学習をしたことで，随伴性認知によって動機づけに変化が起こることが判明されたのである。ちなみに，逃避可能群や統制群は，同様な条件下のシャトルボックスに入れても随伴性認知が成立し，柵を飛び越えて電気ショックを避けることができた。

この学習性無力感は，われわれの生活の中で重要な示唆を与えてくれる。たとえば，一生懸命にトレーニングをしているがなかなか良い成績をあげることができない，就職試験を何十社と受けているがなかなか合格することができないというような経験をしていると，結果がともなわないことから行動が報われない経験として積み重ねられ，「何をやっても無駄である」という学習性無力感状態に陥ってしまう。子どもが親に一生懸命に話しかけても親が子どもの話を聞こうとしないという経験も同様であり，いつしか子どもは「親に言っても無駄である」と考え始めてしまう。さらに，子育てにおいて「がんばって」ということをわれわれは日常生活で用いるが，子どもが何度も一生懸命にがんばった後に結果がついてこない場合もある。子どものがんばりに対して意味のある結果がともなうように，親が肯定的なかかわりをするなどの配慮が求められるのである。

c　ワイナーの帰属理論とは

人間は，誰しも自分や自分の周囲で起きたことについて，その原因は何かを推測することがよくある。何事かが起こった際に原因は何かと考えることをしないと不安に陥ってしまうため，出来事を分析し，原因を考え，ネガティブな出来事については同じことが起こらないように備え，逆にポジティブな出来事については継続できるように備えることを行っている。

アメリカの心理学者である**ワイナー**（Weiner, 1970, 1985）は，人間が何らかの結果に到達したときに成功や失敗の原因を何かに求めることを原因帰属と呼び，この働きに注目した。つまり，成功や失敗の原因を何に求めるかによっ

表6-1 原因帰属の分類（Weiner, 1972）

原因の位置	統制可能		統制不可能	
	安　定	不安定	安　定	不安定
内　的	ふだんの努力	一時的努力	能力	気分
外　的	教員の偏見	他者からの日常的でない援助	課題の困難度	運

て，動機づけに影響を与えると考えたのである。これが**帰属理論**である。

　ワイナーは，表6-1のように原因帰属を3つの次元でとらえた。それが，内的か外的かという原因の所在，安定か不安定かという原因の安定性，統制が可能か不可能かという原因の統制可能性である。たとえば，大学入試に合格した場合（つまり成功した場合），内的帰属を行って「自分が努力したからである」と考えることもあれば，外的帰属を行い「甘い面接官に当たったからである」と考えることもあろう。不合格であった場合（つまり失敗した場合），内的帰属によって「自分のがんばりが足りなかったからである」と考えることもあれば，外的帰属をもとに「厳しい面接官に当たったからである」と考えることもあるだろう。これらは，成功であるか，失敗であるかについての原因を自分の内外に求めようとするものであり，ワイナーはこの次元を原因の所在と呼んだのである。また，試験問題を解くことが能力やそもそもの試験課題の困難度のように安定的で固定的な変化しづらいものとみなしたり，一時的に努力してがんばったことやたまたま解けてしまったという運のような不安定的で変化しやすいものとみなす次元を，ワイナーは原因の安定性と呼んでいる。さらに，自分自身で試験前の勉強時間を統制できるが，試験前の体調を統制することは困難であることから，ワイナーは統制可能であるか統制不可能であるかの次元があることを指摘し，統制の主体がどこにあるのかも含めて，この次元を原因の統制可能性と呼んでいる。したがって，表6-1のように自分のふだんの努力が足りなかったことに原因を帰属させれば，内的で統制可能であり安定した原因という認知になり，今回は運が悪かったのでできなかったことに帰属させれば，内的で統制不可能であり不安定な原因認知になる。

　ワイナーの原因帰属の分類をもとに，出来事が起きた際に原因を帰属させた

後のその出来事への再度の取り組みに対する期待について考えてみよう。原因の安定性の次元において，もしその出来事が成功すると，再度同じ出来事への取り組みをする場合に次も成功するだろうという期待が持てる。しかし失敗した場合には，再度失敗をするのではないかと考えてしまう。また，原因の所在の次元においては，原因が自分にあると考えると，出来事が成功したときに自分の努力や能力などを誇らしく思い，次の出来事に取り組む際に自信につながる。しかし，出来事が失敗した際には，自分の努力や能力などが劣っていると思ってしまい，次の出来事に取り組む際に，情けなく悔しく感じ，なかなか取り組む気持ちになれないこともある。

原因の存在と原因の安定性の二次元で考えてみると，成功した際には自分の能力が高いからだ，努力をしたからだと考え，失敗した際には自分の努力が足りなかったからだと内的で安定的な要因に原因を帰属することになり，次に取り組むことの動機づけが高まる。また，成功した際に自分の運が良かったからだと外的で不安定な要因に帰属すると，次に取り組むことの動機づけが低くなってしまう。

さらに原因の統制可能性という次元を加えて三次元で考えると，たとえば，内的で安定的で統制可能なふだんの努力に帰属させると，失敗した際に後悔の気持ちが生まれて，次のチャンスに向けて努力をしていこうとするようになる。また，内的で安定的で統制不可能な能力に帰属させると，失敗した際に無能感やあきらめやすさが感じやすくなり，次に取り組もうとする動機づけが低くなるといえる。

4 知能観

a 知能観の種類

知能観とは，人間が暗黙に持っている知能についての信念のことである。ドゥエック（Dweck, 1986）は，知能は固定的で変わらないとする実体理論と，知能は高めることが可能であるとする増大理論に分けて，動機づけのプロセスについて説明をした。実体理論は固定的知能観とも呼ばれ，いくら努力しても変わらないことから，現状の能力についてプラスの評価を得るかマイナスの評価

を避けることが目標となる。たとえば高い成績をとることを目標とする子どもにとって、学校という場は自分の知力を示してプラスの評価を得る場となり、外的報酬を得ることで動議づけが高まる。つまり固定的知能観の場合には、能力の変化が前提ではないため、自分の行為の成果が他者と比較してどのように評価されるのか、いかに他者をしのぐかに関心が向く。そして自分が高く評価されていると受け取ると、熟達志向の行動パターンとなり、挑戦を求めたり、がんばったりしながら行動が持続する。逆に自分が低く評価されていると受け取ると、無力感の行動パターンとなり、挑戦を避けてがんばらないという行動に陥る。

これに対して増大理論における知能観は、知能を努力によって変えられる変動的なものととらえる見方をするため、増大知能観とも呼ばれる。ここでは自分の能力を増大させるための学習目標を持つようになり、そのような子どもにとっては、学校は自分の能力を向上させるための場とすることができる。つまり、自らの能力向上について努力し、他者との比較ではなく、自分で改善できているかどうかによって自らの行為について評価をする。この場合、能力の自己評価の高低にかかわらず熟達志向の行動パターンになり、挑戦を求めたりがんばったりしながら行動が持続する。

以上のことから、成功し能力に自信があるときは、固定的知能観と増大的知能観のどちらの知能観を持っていても、さらに課題に挑戦しようとする熟達志

表6-2 達成目標と達成行動（Dweck, 1986）

知的な能力に対する考え方	目標志向性	現在の能力に対する自信	行動パターン
実体理論 [知的な能力は固定的] →	成績目標 [自分の能力についてプラス評価を得ること／マイナス評価を避けることが目標]	もし高いなら →	熟達志向 挑戦を求める 頑張る
		もし低いなら →	無力感 挑戦を避ける 頑張らない
増大理論 [知的な能力は変わりうる] →	学習目標 [能力を増大させることが目標]	もし高いなら → もし低いなら →	熟達志向 挑戦を求める 頑張る

向を示すことができるが，失敗し自信がないときは，固定的知能観の場合，無力感に陥りやすくなってしまう。なお，増大知能観を持っている場合には，がんばり続けることができると考えられる（表6－2）。

b 学習への意欲を高める

ドゥエックは，知能観が学業に対する達成動機にかかわっていることも指摘している。固定的知能観を持っている場合には，自信があると課題に挑戦し続けるが，自信が揺らいでいると無力感から学業においても不適応な状態になりやすい。

不適応な状態から脱するには，知能観や目標志向の転換が求められる。たとえば，固定的知能観を持つ，自信がない，無力感に陥る，学業の不適応を起こすという負の連鎖になったときには，やさしい課題に取り組んだり個別指導を実施するなどの方法で成功体験を経験することで徐々に自信を回復していく。すると，固定的知能観を持っていても，自信があり，熟達志向になり，学業上の適応が図れるという正の連鎖に変化していく。なお自信がつくためには，適切な難易度の課題選択が鍵を握る。ドゥエック（Dweck, 1975）は，やさしい課題に取り組む群とやさしい課題と難しい課題を合わせて解かせる群の2群で比較研究を行っている。失敗をしたら，努力が足りないのだから努力をするようにという教示を与えたが，前者の群では成功体験が増え，失敗した際に自信をなくして課題への挑戦意欲が低下した。しかし後者の群では失敗経験が増えたが，やがて成績が向上してがんばりを見せて課題を取り組む結果となった。固定的知能観を持っていても，努力のさせ方には注意が必要となることがわかる。

5 やる気を高める

a 興味や関心を高めるためには

わかっていても学ぶことを後回しにしてしまうなど，われわれの日常生活においてなかなか始められない，やり始めても続かないなどの低い動機づけ状態もある。このようなとき，興味関心が持てるようになったら学ぶ意欲が出てく

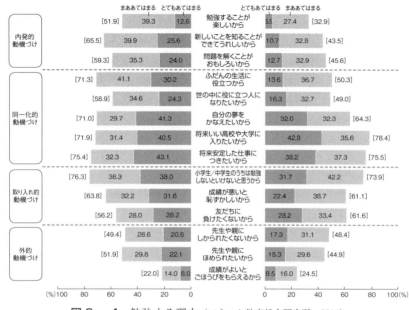

図6-4 勉強する理由（ベネッセ教育総合研究所，2014）

ることがポイントであり，**知的好奇心**が促されると内発的動機づけによって楽しく学べるようになる。ベネッセ教育総合研究所（2014）は，小学4～6年生と中学1～2年生を対象に勉強する理由を調べた。その結果，小学生／中学生のうちは勉強しないといけないと思う，将来安定した仕事に就きたい，将来良い高校や大学に入りたい，自分の夢をかなえたい，ふだんの生活に役立つ，という項目が上位にあがった。外発的動機づけから学習のやる気に向かっている子どもの様子を垣間見ることができる（図6-4）。

b 知的好奇心

知的好奇心は，内発的動機づけの1つでもあり，学習をするうえで大きなやる気につながることは間違いない。自分の知らないことや初めてふれること，自分の理解ができないことに出合うと，そのことに興味を持ち，理解したいという気持ちが生じる。つまり，自分の知らない珍しい事物を求める傾向があるが，これが知的好奇心といえる。学習場面で考えると，学習者の既有知識や期

待と適度な難しさがある課題に接することで，課題に対して興味や関心を持ち始める。教員はこのような性質を理解し，適度の難しい課題を提示することが，学習者の知的好奇心を促すことになる。

考えてみよう・話し合ってみよう ❻

　あなたが得意とする教科をもとに，自分ならどのような工夫をして学習への意欲を高めるかを考えてみよう。対象となる学習者が小学生か，中学生か，高校生かによっても異なるだろう。学習者の学齢を加味しながら，外発的動機づけ，内発的動機づけの両面で考えてください。

第7章
的確な評価ができるチカラ

　教育評価は，教育目標や教授法とともに教育の中枢を構成する重要要素の1つである。目的が達成されるまでの過程やその成否について，評価がなければ何も語ることができない。ここでは，社会的ニーズとしての教育目標を含む学習指導要領や指導要録などとの関係についても触れながら，教育現場における評価について概説する。

> 🗝 **キーワード**
> 　相対評価，絶対評価，ルーブリック評価，観点別評価，個人内評価，ポートフォリオ評価，診断的評価，形成的評価，総括的評価，ピグマリオン効果，ハロー効果
> 👤 **キーパーソン**
> 　ブルーム，ローゼンタール

1　教育評価とは

a　評価すること

　近年，教育現場に限らずさまざまな場面で評価が求められている。評価とは，物事に何らかの価値を与え，ある視点によって対象を見ることである。たとえば，あの人は頭が良い，会社の業績は悪い，最近の政治はなっていないなどがそれにあたる。このような表現は日常会話でも頻繁に行われるが，たとえそれが個人の主観的な価値判断，個人的印象であっても何ら問題はない。

　しかし評価が社会的に何らかの影響を持つときには，評価方法や結果の妥当性について十分に検討する必要が生まれる。それは評価結果によって起こりうる出来事に対して責任という問題が生じるからである。近年盛んに評価の問

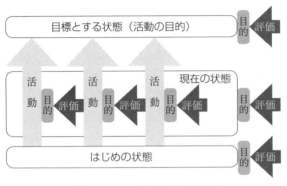

図7−1　目的と評価の関係

題がとりざたされるのは，これまで何が起こってもその責任が曖昧にされてきた日本社会に，ガバナンス（統治）やアカウンタビリティ（説明責任）という考え方が浸透してきて，多様な出来事に誰がどのような責任をとるのかが議論されるようになってきたからである。では何の責任をとらなければならないのか。それは目的達成の責任である。会社であれば社会に貢献しつつ利益を追求することであり，国や地方自治体であれば最終的には国民生活の幸福や福祉になる。目的が明確でなければ評価方法も適切に選べず，その結果である評価も曖昧なものになってしまう。たとえば，社長を評価しようとする際に人の良さを評価しても直接的に会社の業績は良くならない。会社の利益がどのように変化し，それに社長がどのように貢献してきたのかが評価される必要がある。それは，社長がそういう役割を担っているからである。

　評価にはもう1つ別の次元の目的が存在する。それは評価そのものの目的，すなわち活動のどのような側面を見るのか，またその結果をどのように活かすかという問題である。たとえば，現状を客観的に見るのか，目標に向かってどれだけ変化したかを相対的に見るのか，問題点発見のためにさまざまな側面を比較するのか，あるいは最終決断のために一次元の評価に集約するのかである。それぞれぞれの次元のそれぞれの目的に合った適切な評価がなされる必要がある。図7−1はこれら目的と評価との関係を表した概念図である。

b　教育評価と学習評価

　学校においても評価が行われるが，その評価には目的が必要である。学校の最大の目的は教育目標の達成である。その目標達成のために教育活動が行われ，

それによってどの程度教育目標が達成できたのかが評価される。

　しかし，学校における評価はそればかりではない。最終的な目的である教育目標を達成するために，小さな目的を持った評価が繰り返し行われている。たとえば，知能に見合った学力が獲得されているかどうかを調べるために知能検査と学力検査を行い，それぞれが評価されると同時にその比較がなされ，知能偏差値から学力偏差値を引いた値が大きな負の値になれば学業不振児（アンダーアチーバー）と診断する。これは，何らかの問題を持った児童生徒を見つけ，補償的な教育を施す必要性の有無を調べるためである。また，授業で教えたことがきちんと定着しているかを評価するのは，教育活動が計画通り進んでいるかどうかを確認するためである。さらに，提出物や宿題，出席，健康状態も評価される。教育現場そのものも評価される。学校調査，あるいは自己点検・評価である。教員の授業も評価される。こうした教育活動を改善し教育目標を達成するために必要な評価活動のすべてを，広い意味での教育評価という。そしてこのうち，児童生徒が教育目標にそって内容をどの程度身につけているかという実状を見るものを学習評価というが，この学習評価が狭い意味での教育評価である。しかし，ただ単にテストを実施してランクづけしたり，その結果を児童生徒に知らせたりすることが教育評価かというとそうではなく，あくまでも教育目標という大きな目標が存在していることを忘れてはならない。評価には目標があり，その達成責任は児童生徒だけにあるのではなく，直接指導する教員をはじめとする教育関係者全員がそれぞれの役割に応じて負うべきものである。

C　学習指導要領と指導要録

　日本における教育目標は，大きくは教育基本法や学校教育法などの法律によって定められているが，時代の変化を反映させ，具体的な教育内容を示すものとしてほぼ10年ごとに改訂される文部科学省告示，学習指導要領がある。その法的拘束力については議論のあるところではあるが，事実上日本における学校教育のあり方，教育課程を示す指針，スタンダードとなっていることは間違いない。1998年改訂（告示）の学習指導要領に掲げられた教育目標は，自ら学び，自ら考える力の育成を図るとともに，基礎的・基本的な内容の確実な

定着とされている。さらに2008年改訂（告示）の学習指導要領では、①基礎的・基本的な知識・技能を確実に習得させること、②これらを活用して課題を解決するために必要な思考力、判断力、表現力その他の能力をはぐくむこと、③主体的に学習に取り組む態度を養うことの3つが掲げられている。さらに、近年の社会情勢に合わせて2017年に改訂（告示）された2020年全面実施（小学校）の新しい学習指導要領においては、何ができるようになるのかを明確化し、①知識及び技能が習得されるようにすること、②思考力、判断力、表現力等を育成すること、③学びに向かう力、人間性等を涵養することがめざすものとして明示されている。このうち、学びに向かう力とは、すなわち主体的に学習に取り組む態度や個性を活かし多様な人々と協働することである。

　そして学習指導要領に対応する形で、その目標に合った学習評価のスタンダードとして存在するのが指導要録である。現行の指導要録には、観点別学習状況、評定、総合的な学習の記録、総合所見および指導上参考となる諸事項などを記入する欄が設けられている。

　観点別学習状況の欄は、後述するように、教育目標に掲げられた内容をそれぞれ評価するような各教科4つの観点（2020年度実施のものでは3つの観点）を、A（十分満足できる）、B（おおむね満足できる）、C（努力を要する）の3段階絶対評価によって評価する。評定の欄は、科目ごとに5段階（小学校では3段階）で絶対評価（目標に準拠した評価）によって評価を総括するものである。評定では、1991年版までは相対評価を用いてきたが、2001年版で目標に準拠した評価、すなわち絶対評価を用いることになった。総合所見欄には個人内評価が用いられている。

　指導要録で用いられている、あるいは用いられてきた相対評価、絶対評価、個人内評価は評価の基準によって分類した呼び名である。評価を行うためにはそのための基準を定める必要がある。評価の基準とは、すなわち付与する価値観の枠組みのことであり、測定のための物差しと考えてもよい。これをどのように選択するかは目的によって異なり、適切な基準が選択されることが重要である。また、評価法は、評価そのものが持つ目的、つまり評価の機能によっても分類することができる。ブルームは、診断的、形成的、総括的というそれぞれの評価を効果的に利用することで完全習得学習の実現をめざした。

2 相対評価

a 相対評価とは

評価対象となる児童生徒が所属する集団測定値を評価基準とする評価法を**相対評価**という。集団に準拠した評価とも呼ばれる。この評価法の最大の特徴は非常に客観的で評価者の主観の入る余地が少ないことである。そのため戦前に用いられてきた教員の主観が反映されやすい絶対評価から一転して，小中学校の成績評価のために戦後長い間用いられてきた。一般的な方法は，測定した学力検査等の得点を標準化して5段階で表現するといったもので，2001年の指導要録改訂まで評定欄で用いられてきた。図7-2dはその方法を示している。

b 正規分布

図7-2aは正規分布を表している。正規分布は平均の度数がもっとも高く，そこから両側に離れるにつれて度数が減少していく釣鐘型の分布で，さまざまな自然現象に見られる。図の中に書き込まれた数字は，その中に含まれる度数の割合を%で表したものである。テストを実施した際の児童生徒の得点もおよそこうした分布をすると仮定すると，得点が平均値から標準偏差（SD）いくつぶん離れているかを調べれば，その子どもが全体でどのくらいの順位にいるのかがわかる。SDという統計量は平均値からの得点のズレが1人あたりどのくらいであるのかを示す値で，次式にあてはめて計算することができる。

$$標準偏差（SD） = \sqrt{\frac{（個々の得点 - 平均）^2 の総和}{児童・生徒数}}$$

c 偏差値の利用

SDが小さな分布は平均付近にすべての児童生徒の得点が集中していることを意味し（図7-2b），逆にSDが大きな分布は低得点から高得点までばらつきが大きなことを意味する（図7-2c）。このどちらの場合でも，SDを物差しとして考えれば，平均値±1SDの得点の間におよそ68%の児童生徒の得点

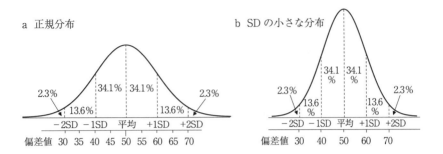

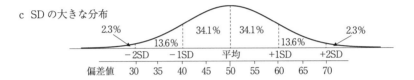

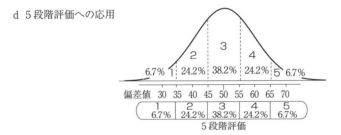

図7-2　正規分布とその利用

が入る。前述したように得点が平均値からSDいくつぶん離れているかを調べることによって，その児童生徒が全体のうちどのくらいの順位にいるのかがわかる。たとえば，平均値60点，SD10点という分布の中で80点という得点はちょうどSDが2つぶんだけ平均値よりも高得点であるが，これを次の計算式に当てはめて偏差値を求めると70になる。

$$偏差値 = \frac{10 \times (個々の得点 - 平均)}{標準偏差} + 50$$

得点が平均と同じであれば偏差値は50になる。平均よりもSDが1つぶん高い（低い）得点であれば偏差値は10高く（低く）なるように変換した統計値である。すなわち，偏差値70であれば標準偏差2つぶん平均値よりも得点が高いことを意味し，したがってその順位は上位2.3％にあることがわかる。この偏差値を用いれば45〜55，すなわち平均±0.5SDの間におよそ38％の児童生徒の得点が含まれることになるが，この児童生徒に評定値3をつけ，そして偏差値55〜65（24.2％）に4，65以上（6.7％）に5，一方35〜45（24.2％）に2，35以下（6.7％）に1をつけるのが5段階評価である（図7−2d）。

d 相対評価の利点と問題点

相対評価の最大の利点はその客観性にある。テストで集めた得点をもとに，前述したような統計的手法によりきわめて機械的に評価できるので，主観の入る余地がほとんどない。この利点が戦後の教育現場では魅力的で，1955年の指導要録からおよそ半世紀にわたって用いられてきた。また，大規模なテストを実施して母集団（対象となる児童生徒全員）に近い多人数のデータを集めることができれば，順位づけしたり得点分布を求めることは容易で，過熱した受験競争において合格の可能性を予測するために便利に使われてきたという事情があった。成績上位者から合格者を出す入試には非常に適した方法だからである。

しかし，本章のはじめに述べたように評価は何らかの目的によって行われるべきであって，果たしてこの相対評価が学校教育の本来の目的に即しているかというと，首をかしげざるをえない場面も多い。たとえば，ある生徒ががんばって英語の読み書きがよりできるようになり，テストでもより高得点がとれたとしても，他の生徒もがんばっていて同様に高得点がとれるようになると，相対評価でつけられる生徒の成績は何ら変わりがない。また，ある教員の教え方が上手でその学級では70点をとっても平均点が高いために3しかもらえない一方で，教え方が必ずしも上手でない教員の学級では平均点が低いために同じ70点でも4がもらえたりする。すなわち相対評価によって評価している限り，単に所属する集団の中で順位がどのくらいかを評価しているにすぎず，本来の児童生徒の学習努力やその成果を正しく評価することにはならないのである。

そして、この評価の最大の欠点として取り上げられる問題が、少しでも良い成績をとろうとすると他の生徒を出し抜いたり、蹴落としたりといった間違った競争意識を持たせてしまう点である。こうした相対評価の問題点が指摘されることによって、再び絶対評価が見直されることになったのである。

3 絶対評価

a 絶対評価とは

相対評価が、所属する集団の測定値を評価基準とする集団に準拠した評価であったのに対して、教育目標自体を評価基準とする方法を**絶対評価**という。歴史的には、前述した相対評価よりも前から日本の教育現場で用いられてきたのがこの絶対評価である。客観的でないという理由で長い間、小中学校の教育現場からは排除されてきたが、さまざまな工夫を加えながら、現在では目標に準拠した評価として指導要録において最新の評価法の1つとして復活している。

戦前からあった絶対評価は教員という絶対者による評価で、たとえ計算や読み書きがよくできても、教員の目にはやる気がない、教員に対する態度がなっていないと映り、低い評価をつけられるようなことが起こっていた。この時代の評価法だけを絶対評価と呼び、近年の欠点を補うためにさまざまな工夫がなされた絶対評価はそれぞれ別の名前で呼ぶべきだとする考えもあるが、本書においては、所属する集団やそのメンバーに準拠する相対評価とは別の、教育目標という絶対的な評価基準を持つ評価法として絶対評価という用語を用いる。大学教育においては戦後も一貫して絶対評価が用いられて、絶対者的な評価がいまだ一部の教員によって行われている可能性もあるが、近年の大学改革において評価基準をあらかじめシラバス等で明確にすることが強く求められたり、教育のアカウンタビリティが強く求められたりしていることから、旧来の絶対者的評価は急速に排除されつつある。

b 到達度評価

到達度評価はいわば改良版の絶対評価である。戦前の絶対評価において反省されるべき最大の問題点は、何といっても準拠すべき教育目標が非常に曖昧で

あったため，実際に評価する現場においてはほとんど教員の個人的な信条に頼っていたことであろう。そこで到達度評価においては，たとえば繰り下がりの引き算ができる，関係代名詞を使うことができる，江戸時代の文化について説明できるというように，評価の基準となる教育目標を到達目標として明確化したのである。

さまざまに掲げた到達目標を児童生徒がすべて達成すれば，教育は目的を達成したことになる。しかし実際には，到達目標がどの程度達成されたのかを客観的に評価するのはなかなか難しい。さらに，単純に外から見ることができ，できたかどうかが明らかな教育目標ばかりではないので，到達目標そのものを立てることが困難な場合もある。知識や理解といった見える学力は評価が比較的容易であるが，関心や意欲などの見えにくい学力を評価するのは困難である。

c ルーブリック評価

到達度評価は到達目標を評価基準としてそれがどの程度到達されたかを見る広い意味での絶対評価であったのに対して，**ルーブリック評価**は，到達目標の達成レベルを実際の具体的な成果の内容によって設定した評価表であるルーブリックをあらかじめ作成し，児童生徒が実際に示した成果がどのレベルにもっともよくあてはまるかを評価する。つまり，達成目標に対して複数の達成レベルが組み込まれたルーブリックに達成度をあてはめていく絶対評価の1つである。

たとえば学習発表会の評価に用いるルーブリックであれば表7－1のようなものが考えられる。この例だと，十分な，大部分がという曖昧な表現が入っているので主観が入りやすいという問題はあるが，ルーブリックの作成を工夫することによって改良の余地がある。また，ルーブリックは本来複数の観点からのものを用意し，また複数の評価者によって評価し，最終的にはその合計点や平均点などで評価することが望ましい。その際，教育目標を考慮に入れ，重みづけすることも考えられる。フィギュアスケートの評価をイメージするとわかりやすいが，ルーブリック評価の特徴は，評価の基準となる到達目標ばかりでなく，特定の得点を与えるために一定の基準が設けられていることである（表7－2）。

表7－1　学習発表会におけるルーブリックの例

評価	具体的な基準
A 大変優れている	十分な準備がなされ，大部分の聞き手が十分に理解できるだけの内容と発表であった。
B おおむね満足	準備がなされ，聞き手の半数程度が理解できるだけの内容と発表であった。
C やや不満	準備が不足し，聞き手の一部が理解できる程度の内容と発表であった。
D 改善が必要	準備がほとんど，あるいはまったくなされておらず，ほとんどの聞き手が理解できない内容と発表であった。

表7－2　学習発表評価のためのルーブリックの例

評価	観点		
	発表内容	発表表現	資料・スライド
A	さまざまな角度から検討された，大変興味深く，十分な内容のものであった。	十分に準備をし，何度も練習を重ねたようなスムーズな発表であった。	提示順序や表現が適切で大変見やすく，理解が容易であった。
B	いくつかの視点が取り上げられ，興味深い内容であった。	準備や練習のあとが見られ，それなりに工夫された発表であった。	提示順序や表現が比較的整ったものであった。
C	視野が狭く，テーマの選択も必ずしも適切とは言いがたい内容であった。	いくぶん準備が足りないという印象を受ける発表であった。	順序，表現などに不適切な点が見られ，多少わかりにくいものであった。
D	ありきたりの内容で，まったく興味をそそられなかった。	練習や準備がされていないという印象を受ける発表であった。	まったく用意されていなかったり，規定に合わないものであった。

d 観点別評価

1991年の指導要録改訂の際,新しい学力観にふさわしい評価として導入されたのが**観点別評価**である。観点別に評価をすることはそれまでにも行われていたが補足的なものであり,この年の改訂からこの観点別の絶対評価が基本的な評価とされるようになった。1991年の学習指導要領に記された新しい学力観は,単に知識があるとか高い技能を持っているということが高い学力を持っているということではなく,自ら学ぶ意欲や思考力,判断力,表現力などが学力の基本であるとする学力観である。したがって評価する際も関心・意欲・態度,思考・判断,技能・表現,知識・理解の4つの観点が設けられた。

学習指導要領と指導要録の項で述べたように2012年度施行の学習指導要領では,①基礎的・基本的な知識・技能,②課題を解決するために必要な思考力・判断力・表現力,③主体的に学習に取り組む態度が学力の3つの柱であったが,①は知識・理解と技能の2つの観点で評価され,②は思考・判断・表現の観点,③は関心・意欲・態度の観点により,計4つの観点によって評価されることとなった。さらに,2017年に改訂され2020年完全実施(小学校)となる新しい学習指導要領においては,前述したように,めざすものとして,①知識および技能の習得,②思考力,判断力,表現力等の育成,③学びに向かう力,人間性等の涵養の3つが明示されているが,今回の改訂では評価についても見直された。めざすべき3つのものに対応する形で,①知識・技能,②思考・判断・表現,③主体的に学習に取り組む態度の3つの観点から評価される。指導要録もこれに対応する形で改訂される。

4 個人内評価

a 個人内評価とは

これまで,相対評価と絶対評価について述べてきたが,いずれも被評価者の外側にある一定の範囲内で統一して設定された基準による評価であった。一方,評価基準そのものを個人の内部に設定することも可能である。これが**個人内評価**で,具体的には2つの方法がある。1つは個人の過去の状態を基準にするもの,もう1つは他教科の成績状況を基準とするものである。前者を縦断的方法,後

者を横断的方法と呼ぶこともある．縦断的方法の場合，たとえば1学期にはできなかったことが2学期にはできるようになった，以前と比較するとこのような力がついたと評価される．横断的方法の場合は，A君は社会が得意で県庁所在地はすべて記憶しているが，漢字が苦手で習った漢字もなかなか使おうとしないというように評価される．現行の指導要録においても総合所見欄，あるいは障がい児の学習評価などで個人内評価が用いられる．

b ポートフォリオ評価

2002年に総合的学習の時間が導入された際，この科目の評価法として推奨されたのが**ポートフォリオ評価**である．この科目は，従来の学校教育において縦割りにされていた教育内容を横断的，総合的にとらえ，自ら課題を見つけ，自ら学び，自ら考え，主体的に判断し，問題解決や探求活動に主体的，創造的，協調的に取り組む態度を育て，自己の生き方を考えられるようになることを目標とする．具体的な解決課題や探求内容は自ら設定することが推奨されており，評価基準を客観的で具体的に設けることは難しく，そのため個別の内容をその文脈にそって評価することが必要で，ポートフォリオ評価が用いられることになった．

ポートフォリオとは紙ばさみやファイルケースを意味する．総合的学習の時間での活動記録や調査内容，作品やそれに対するコメント，アドバイスの記録などを時間順にファイルしてポートフォリオを作成し，学習活動の進行中あるいはその最終段階においてポートフォリオを見ながら活動を振り返る．教員や研究者からさまざまなポートフォリオの利用法が紹介されているが，基本的には時間順に整理されたポートフォリオの作成とそれを用いた振り返りから構成される評価法である．したがって評価基準が個人の活動内にあることから，基本的には個人内評価の一技法として考えられる．しかし，ポートフォリオはそれ自体にさまざまな使い方があり，必ずしも個人内評価とならない場合もある．ちなみに，総合的学習の時間の評価は，指導要録の中では総合所見と同様に独立した評価欄が設けられ，活動の内容などを文章等で記述することになっている．また，ポートフォリオ評価を総合的な学習以外の科目に取り入れる活動も行われている．

5　評価の機能

ブルーム（Bloom, 1971）は，学習者の 90％以上が学習目標を達成できる完全習得学習（マスタリー・ラーニング）を提唱し，そのために適切な機能を持った評価の利用が重要であることを述べた。適切な時期に適切な方法で，学習状況を把握することといえる。

a　診断的評価

学年や学期のはじめ，あるいは単元のはじめなど学習活動を開始する前に学習者のレディネスを測定するために行われるのが**診断的評価**である。レディネスとは学習の準備状態のことで，新しい単元を学ぶのに必要な知識や技能が備わっているかどうかを示す概念である。学習者がどのような知識や技能をすでに備えているのか，またどのような教育方法によって学習が促進されるのかなどを診断的評価によって調べ，これから始まる学習活動において適切な教育目標を設定し，どのような教育方略，つまり教材や教育方法を選択すべきであるのかを決定するなど，教育計画を立案するための資料を収集するのである。

たとえば学力差が開きやすい数学において能力別に授業を行う際，クラス編成のためのテストを実施したり，初めて担当するクラスにおいて前学年までの範囲がどの程度定着しているかをテストで確認したりすることなどはこの診断的評価にあたる。まだ九九がよくできない子どもたちに割り算を教えてもうまくいかない。分数のかけ算ができない子どもにいきなり関数を教えてもうまく目標を達成するのは難しい。その授業にいったいどの程度の学力を持った子どもが参加しているのか，どのようなレディネスを持っているのかを把握することは，学習活動を効果的に行うために非常に重要である。

b　形成的評価

診断的評価を用いることで準備された教育目標，教育方略に従って実際の学習活動が実施されるのだが，物事がつねに計画通り進んでいくとは限らない。しだいに当初の計画とズレが生じてくることがある。計画通りに学習活動が進

んでいるか否かをモニターするのが形成的評価の目的である。すなわち形成的評価は、学年や学期や単元の途中など学習活動の途上で行い、その後の学習活動に修正をかけるための情報を収集するためのものである。計画通り進んでいない、知識や技能の定着が予定通りなされていないことが明らかになれば、当初の計画を変更し、新しい教材を用意したり新たな学習法を導入したりして回復指導を行う必要がある。また、学習の主体である児童生徒にも形成的評価の結果をフィードバックし、間違った学習や勘違いしている点などを明らかにして修正を促すことも重要である。適切な修正が繰り返されていけば、学習者にとって最適な学びにつながるはずで、完全習得学習が達成されることになる。

形成的評価の方法としては通常のテストを実施する以外にもさまざまなことが考えられる。授業の最後に当日の内容を理解したかどうかを小テストで確認する、授業中に問題をノートに解かせ机間指導しながら定着を確認する、挙手の状況をチェックするなども簡易的な形成的評価である。とくにつまずきを起こしやすい生徒に注目し、すばやい回復指導を施すことは重要である。短い単位で評価を繰り返してつねにフィードバックすることは重要であるが、学習者に負担をかけない方法を選ばないと、いつもテストばかりしているといった本末転倒の授業になってしまうので注意しなければならない。

学期の途中に行うことから、中学校や高等学校などで行われる中間テストが形成的評価にあたるのではないかと考えるかもしれないが、実情を考えると試験の出題範囲を狭めるため、良い成績を獲得するためのチャンスを増やすためなど、いずれにしてもその結果を成績評価に反映させるために行われているケースがほとんどであるので、この場合形成的評価ではなく、次に述べる総括的評価の一部と考えるべきである。一方、成績評価に反映させなければそれで形成的評価になるのかといえばもちろんそうではい。重要なポイントはフィードバック、すなわち、予定通り教育活動が進んでいるのかという情報を教員や児童生徒が自ら確認し、その情報をもとにその後の活動が修正されるということである。それができなければ評価そのものを行う意味がない。

C　総括的評価

総括的評価は、学習活動の最後に、結局のところ目的としたことが達成でき

たか否かを最終的に判断する評価である。実際の教育現場では指導要録として記録が残り，通知表や調査書の原簿となる。しかしこの評価結果も児童生徒ばかりにその原因が転嫁されるべきものではなく，教員の指導や学習環境，学校の管理体制，家庭環境など子どもをとりまくすべての環境に責任の一端があることを忘れてはならない。そしてそれらの点において改善されるべきものがないか，改めて点検するためのフィードバック情報をこの評価がもたらしてくれる。そうしたことがなされて初めて，この総括的評価としての意義がある。

6　評価のためのデータ収集

　これまで，評価，すなわち価値観の付与について述べてきたが，評価を行うためにはそのためのデータを収集，すなわちテストがなされる。一般にはデータ収集についても評価と呼ぶことが多いが，この2つは区別して考える必要がある。なぜなら，同じように収集したデータを用いても，その扱いによって評価はまったく違うものになるからである。極端な例ではあるが，ある学級で学力テストをして平均80点，標準偏差9点のデータを得たとする。このとき，66点をとったA君の成績を評価するのに相対評価を用いれば劣っているという1をつけることになるが，60点で合格とする絶対評価を用いれば十分合格である。

　適切な評価を行うためにはそれに適したデータの収集が重要である。ここでは，代表的なデータ収集法について概説する。

a　客観テスト

　客観テストとは，文字通り客観性を重視したテストの総称である。解答者の主観や恣意性，独創性などが入りにくいよう工夫された問題形式で，誰が採点してもほぼ同様の結果になり，評価の公平性を保障できることが最大の特徴となっている（藤本，2005）。採点が容易であることはフィードバックの即時性を担保し，学習者の動機づけを低下させないですむ。また，広範囲の領域にわたって多くの問題を出題できる長所があるが，逆に断片的で表面的な知識しか測定できないという問題に陥りやすいという短所もある。本来評価は指導と一

表7-3 客観テストの方法

名　称	具体的なテストの方法
正誤法	問題の記述が正しいか間違いかを問う。
多肢選択法	複数ある選択肢のうちから正しいもの，間違っているものを選択させる。1つだけ選択する場合と，複数選択する場合とがある。
組み合わせ法	事柄同士を何らかの関連性によって組み合わせる。たとえば，国名と国旗，地図上の場所などをそれぞれ複数の選択肢の中から選択して組み合わせるような問題である。
単純再生法	ダイナマイトを発明した人物は誰ですかといったように，一問一答形式で直接解答させる。
完成法	文章中の一部を空欄にし，つじつまが合うように補充させる。空欄補充法ともいう。

体となって教育目標を達成するために存在するが，総合得点のみが一人歩きし，未達成の教育目標に目が届きにくいということにも陥りやすい。客観テストの代表的なものには5つあり（表7-3），それぞれの特徴をよく理解したうえで用いるのが望ましい。

b　論述テスト

　客観テストとはまったく異なる，選択肢を用意せずに解答者に自由に記述させる形式が論述テストである。論述というと少し長文で，ある程度構成された作文や小論文をイメージするが，実際には短文で解答させるものも含まれる。たとえば，「日本の国会で通常国会以外に開かれる国会を2つあげ，それぞれどのようなときに開かれるか述べなさい」といった問題である。論述とは若干イメージが異なるので自由記述形式と呼ばれることもある。学習者自ら主体的に考えさせることになるので，より深い考え方や理解に迫ることができるという長所がある一方で，採点が主観的になりやすく公平性を保ちにくいという短所がある。模範解答をつくって客観性を担保できるよう工夫することが重要である。

c　パフォーマンス評価

　パフォーマンス評価は，何をどのような過程において成し遂げたかを評価するものである。つまり，答えだけを要求するのではなく，むしろそこに至るまでの過程を採点の対象とし，あらかじめ定めたルーブリックによってその達成レベルを判定する。たとえば，設定された条件のもと，ある団体に向けて手紙を書かせ，その中にどのような内容が書かれているかをルーブリックによって採点する。ルーブリックは設定された条件をどの程度満たしているかという視点でつくられる。

　近年，京都大学の松下ら（松下，2007）は小・中・高の児童生徒に大規模な学力調査を行い，その中で算数，数学についてルーブリック評価を応用している。彼女らは，以下のような算数の問題形式と採点法を用いた。

① B4版の紙の上部ほぼ3分の1に問題が書いてあり，その下のスペースに自由記述で解答を書く。

② 表紙に，(a) 考え方を調べるためのものであり，(b) どのように考えたかを式，ことば，図，絵などを使ってわかりやすく書く，(c) 答えが正しくなくても考えが書けていれば点数がもらえるが，答えが正しくても考え方が書いてなければ点数がもらえない，(d) 途中まででもよい，などの注意事項を書いておく。

③ 課題は日常生活にそった文章問題で，3kmを1時間で歩く場合と5kmを1時間30分で歩く場合とで速さを比較する問題など。

④ 採点には，(a) 概念的知識（問題の理解），(b) 手続き的知識（解法の手続実行），(c) 推論とストラテジー（数学的な筋道），(d) コミュニケーション（考えの説明）の4観点をそれぞれ4レベルで評価するルーブリックを用いる。

　パフォーマンス評価は，このようにデータ収集と評価を一体化して実施するのが一般的であるが，そのことにより，客観テストなどでは評価できないレベルの思考まで比較的客観的に評価することができる。課題の作成やルーブリックの検討に困難さがともなうが，しだいにその手順が確立されてくれば，大変有用な方法になると期待されている。

　第5章で紹介したように，2003年に行われたPISAのうち読解力テストに

おいて日本は国際順位を8位（2000年）から14位へとOECDの平均程度にまで落とすこととなった。このテストで問われた読解力は，通常日本で考えられている文章から読み解く力のみではなく，図表などから情報を正確に読み取り，理解し，推論し，さらにそれらを知識や考え方や経験と結びつけて熟慮し，評価する能力であった。それまであまりそのような教育をしてこなかった日本の教育界は，いわゆるPISA型読解力を高めるためにさまざまな取り組みを始めることとなり，その後急速に読解力の順位を上昇させることができた。思考過程やそれを表す表現力を評価するパフォーマンス評価が注目を集めているのにはそのような理由もある。

7 評価を歪める人的な要因

評価をするのは人間である。そのため，客観性が求められているものの，人的な要因が介入することで評価結果が歪められてしまうことがある。

a ピグマリオン効果

ローゼンタールは，子どもの成績の伸び具合を予測できるテストだという嘘の説明を教員に伝え，子どもに一種の知能検査を実施した。その中からランダムに選び，伸びる可能性を持っている子どもだと伝えて通常通りの授業を行ってもらった。学年が終了する時点で学習成績を調べた結果，伸びると言われた子どもの成績が著しく向上したことが明らかになった。このように，教員が子どもの成績に期待を抱くと，実際の成績がその期待と一致した方向に変化する。これが**ピグマリオン効果**と呼ばれる現象である。ピグマリオンとはギリシャ神話に登場する王の名前で，そのピグマリオン王が女性の像に恋をしてその像が人間の女性になるよう祈っていると，女神が人間に変えてくれるという神話からとられた名前である。

職員室では学年始めに申し送りと呼ばれる子どもの情報交換がなされる。もしも，その際に伸びる可能性を持っている子だと新しい担任が伝えられたらどうだろう。暗黙のうちに期待をかけるはずである。期待されていることを何となく感じ取った子どもは，その期待に応えるべく積極的に勉強するに違いない。

このような相互作用の結果が、実際の成績の向上に表れたといえる。

一方、ピグマリオン効果とは逆で教員が期待せずに、あるいは関心を持たずにかかわることで生徒の成績が下がることをゴーレム効果と呼ぶことがある。ゴーレムとはヘブライ語で形なきものという意味であるが、ユダヤの伝説にある泥人形のことをいい、この人形は呪文で意のままに動かすことができるが、額の護符に書かれた文字を1字取り去ると土に戻ってしまうという伝説からこの名前が使われるようになった。

b　ハロー効果

答案の文字が丁寧に書かれていると解答も正しい、数学ができる子だから他の教科もできるに違いないというように、何か優れた特徴を持っていると他の面も優れているはずだと思い込んでしまう誤りを**ハロー効果**、あるいは後光効果、光背効果という。逆に、何か問題があると他の面も悪く判断されてしまう場合は、負のハロー効果と呼ばれる。

この用語を初めて用いたのはソーンダイクで、性格評定にこのような人的歪みが介入する可能性は古くから指摘されていた。昇進のような選抜試験、人事考課などでは、評価の対象者が顔見知りである場合もあり、検討すべき特徴以外の要素が大きな影響をおよぼしてしまう可能性がある。そのような場合には、できるだけ客観テストを用いたり、別の試験官により複数回の面接を実施するなどの工夫が必要である。

8　評価をするときのポイント

前述したように、教育評価は最終的に教育目標を達成するために行われるものである。決して、児童生徒をランクづけすることや、優越感、劣等感を植えつけるために行っているわけではない。そして、教育目標の達成の責任は生徒1人に負わせるものではなく、その多くを実際に授業を行う教員自身が負わなければならないものであることをよく理解しておくべきである。そのような視点で評価を見ると、評価を行う際に重要な3つのポイントが見えてくる。

a 目的は明確に

ポイントの1つめは目的を明確にすることである。教育評価には2つの目標や目的が存在していることを前述した。1つは教育活動の目的である。その学期の目的，その単元の目的，そしてその日の授業の目的である。その授業で何ができるようになるのか，できるようにしたいのか。これを明確にしておくことで教材や授業の方法の適切性が明らかになり，児童生徒の達成すべきポイントが見えてくる。2つめの目的は評価そのものの目的である。漫然とテストをして点数をつけるのではなくて，どのような目的でテストをし評価をするのかということをあらかじめ明らかにしておくことが重要である。診断的に評価を用いるのか，形成的評価なのか，それとも総括的評価なのか。そして最終的にきちんと目的通りに教育活動の結果が現れるように教育活動をつねに改善する努力が払われなければどんな評価も意味のないものになってしまう。教育目標と教育評価，教授法（教育活動）はつねに連動し，一体のものであることを忘れてはならない。

b 目的に合った評価法の利用

第二のポイントは，目的に応じた評価法を用いることである。本章で紹介したように，評価のためのデータ収集法（テスト法）や絶対評価，相対評価，個人内評価など評価の基準について，評価の目的（機能）に合致したものを用いる必要がある。たくさんの児童生徒が持つ知識にどれだけのばらつきがあるのかを習熟度別クラス編成のために評価するのであれば，客観テストを用いて相対的に評価することは大変有効であるが，生徒一人ひとりがどのように理解を深めたのかを形成的に評価する場合，同じデータ収集法，評価基準を用いても意味のあるものにはならない。

c 評価の歪みをつねに意識

第三のポイントは，評価結果に歪みが生じていないかをつねに意識しておく必要があるということである。教員も人間なので感情やそのときの体調などによって，つねに一定の評価ができなかったり，偏りのある評価になってしまったりする可能性がある。本章で紹介したピグマリオン効果やハロー効果なども

参考にしながら，つねに一定の評価ができるよう意識することが大事である。時間をおいて同じ評価になるかどうかを確認すること，あるいはどうしてその評価になったのかを説明できるよう，つねに意識しておくことなどが安定した，歪みのない評価のために有効であるかもしれない。

考えてみよう・話し合ってみよう ⑦

　子どもたちの学習活動を，①知識・技能，②思考・判断・表現，③主体的に学習に取り組む態度の3つの観点から評価するようになったが，具体的にどのような情報を収集すればよいだろうか。とくに③について意見交換をしてみよう。

第8章
子どもの個性を把握するチカラ

　教育現場において，不適応への対応やキャリア教育などの指導，支援を実施する過程で，子どもの個性を把握することが求められる。子どもの個性は多様であり，多面的にとらえるためには，性格理論や性格テストなどの知見を得ることが必要である。本章では，性格理論，個人を理解するための心理アセスメント（心理測定），不適応に基づいた心理状態や障害などについて学んでいく。

> 🔑 **キーワード**
> 類型論，特性論，質問紙法，投影法，作業検査法，ストレス，フラストレーション，コンフリクト，防衛機制，不適応
>
> 👤 **キーパーソン**
> ボウルビィ，フロイト，ユング，クレッチマー，シュプランガー

1　個性とは何か

　「個性」とは何かと聞かれて，明確に答えるのは難しいだろう。個性は他者との違いを強調するために用いられることが多いが，個性と似たような意味で用いられている用語として，キャラクター，パーソナリティ，性格，人格，気質などがある。これらにはどのような違いがあるだろうか。これらの用語は，一般的には類似した意味で用いられており，心理学においても厳密に区別せずに曖昧な用いられ方をされることが多いが，それぞれ異なる意味がある。

a　性格

　性格は英語のキャラクター（character）の訳で，キャラクターの語源はギ

リシャ語の「刻印されたもの」である。性格は，個人を特徴づけている性質の中でも，比較的安定して変わりにくいものである。

しかし，性格は単にその人を特徴づけているものではない。個人の特徴をあらわす表現として，たとえば「痩せている」，「音楽が好き」，「バスケットボールが上手」，「優しい」，「臆病」などがある。しかし，外見的な特徴や趣味，特技は性格とはいえないだろう。したがって，性格は，個人を特徴づけている行動や考え方の傾向をさすといえる。また，「優しい」，「臆病」などの特徴は，他の場面でもあらわれる可能性が高く，性格は一貫した形で行動に影響を与えると考えられる。

b 人格あるいはパーソナリティ

人格は英語のパーソナリティ（personality）の訳で，パーソナリティの語源はラテン語の「仮面（ペルソナ）」である。役者が仮面をつけかえるように，人格は性格と比較すると，周囲の状況や社会的な役割に応じて変化していくものである。

日本語の人格には道徳的な意味合いが含まれ，「人格者」のような使い方がなされる傾向があるため，心理学では「人格」という訳語は用いずに，パーソナリティというカタカナ表記の用語を使うことが多い。

c 気質

性格やパーソナリティは先天的なもののみならず，後天的なものにも影響されて決定されるものであるといえるが，気質は先天的に決定された性質で，遺伝的要素や生理的特質を強調している用語である。たとえば，乳児にも気質の違いがあり，音や光などの外界の変化に敏感に反応する乳児と，あまり反応しない乳児がいる。

パーソナリティ，性格，気質という用

図8-1　パーソナリティ，キャラクター，気質の関係

語の関係を図に示すと図8－1のようになり，内側にいくほど遺伝的要因の影響が強く，外側にいくほど環境による影響が強くなる。

2 性格の形成

子どもの健全な発達の基盤には，家庭の中での愛情に満ちた相互作用が重要である。親子間，きょうだい間などで，深い信頼感や絆で結ばれた家庭環境は，子どもにとって，心の安らぎの場であり，安全基地ともいえるのである。現代では複雑な家庭環境の中で育つ子どもも少なくないが，形式的な家族の形ということではなく，どのような形にしろ養育者による愛情のこもった態度が，子どもの性格の形成に影響をおよぼすのである。

a アタッチメント

アタッチメント（愛着）は，**ボウルビィ**によって提唱され，特定の対象に対する特別の情緒的結びつきをさす。幼い子どもは養育者との緊密な関係と接触を求めるように，養育者は子どもとの関係を緊密化するように動機づけられている。

ハーローによる代理母実験では，アカゲザルの子を，どちらかに哺乳ビンがついている針金製と布製の代理母親で育てたところ，子ザルは哺乳ビンの有無にかかわらず，ほとんどの時間を布製代理母にしがみついて過した（図8－2）。

ボウルビィは発達初期の母子相互作用の欠如を，母性剝奪またはマターナル・デプリベーションとして，孤児院で養育されている乳幼児が病気への罹患率が高く，発達が遅

図8－2 針金製と布製の代理母親（Harry F. Harlow, The Nature of Love, *American Psychologist*, 13, 673-685, 1958, APA reprinted with permission）

れる背景として想定した。

　エインズワースはボウルビィの愛着理論にもとづいて，乳児と母親の愛着の質を測定するための実験法であるストレンジ・シチュエーション法を開発した。この実験法は，実験室に乳幼児と母親に入室してもらい，次に母親が退室して見知らぬ人が入室し，その後に見知らぬ人が退室して母親が再度戻ってくるというような手続きで，全体で8つのエピソード場面から構成される。実験の結果，母親が再び戻ってきたときの子どもの反応は，母親との分離で不安を示すが再会で安心する「安定型」，分離で不安を示さずに再会でも母親を避ける「回避型」，分離で強い不安を示し再会で身体接触を求めると同時に叩くというような怒りの感情を示す「葛藤型（アンビバレント型）」の3つに分類された。このように発達初期の養育者との関係は，子どもの根本的な信頼感の育成に影響をおよぼすのである。

b　ロジャーズの来談者中心療法にもとづいた性格のとらえ方

　ロジャーズの自己理論において，現実自己と理想自己という概念が提唱された。主観的に認知された自己概念を現実自己といい，実際の行動や世界観にも影響する。一方で，自分の理想像を理想自己といい，理想自己と現実自己が類似すれば幸福感が得られる。

　自己概念と経験が一致していれば，自己実現傾向が十分発揮され，心理的に適応した状態を示すとされる。図8-3は，Ⅰが「経験と自己概念が一致している部分」，Ⅱが「経験が歪曲されて知覚された部分」，Ⅲが「自己概念と矛盾するために意識されない部分」を示している。自己概念と経験に不一致が生じ

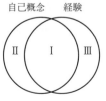
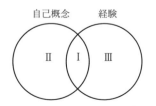

図8-3　自己概念と経験の一致，不一致（Rogers, 1967）

るのは，思考，感情，行動などが正しいときにだけ大切に扱われるような「条件的な積極的関心」を向けられるときであり，自己概念が歪んでしまうとされる。子どもへの支援の際には「無条件の積極的関心」を向けることが求められる。

c フロイトの精神分析による性格の捉え方

精神分析を提唱した**フロイト**は，心の局所論において，人の心は意識，前意識，無意識の3層からなるとした。さらに，フロイトは心の構造論において，イド（エス），自我，超自我という3要素から性格をとらえ，この相互作用（力動）が行動を決定するとした。イドは，生物学的欲求や性的欲動，攻撃欲動を満足させようとする快楽原則に従う。超自我は，行動の善悪を判断し，衝動を抑止する道徳心にあたる。自我は，イドと超自我の調整役で，社会の価値観や道徳の内的表象自我は現実に合う形で欲求を満足させ，現実原則に従う。

d 精神分析がとらえた親子関係

エディプス・コンプレックスは，フロイトによって提唱され，ギリシャ神話においてそうとは知らずに実の父親を殺害し，実の母親と結婚してしまうというエディプスの話に由来する（図8-4）。男の子は，無意識に母親を愛情の対象とし，そのライバルとなる父親に憎悪の感情を向けるという複合的な感情を抱くという。そして，父親の怒りに対する恐怖心から生じた去勢不安を解消するために，父親に同一視することを通して，男らしさを身につけていくとした。

女児の場合はエレクトラ・コンプレックスといわれ，**ユング**によって提唱された。ギリシャ神話の悲劇において，父親であるアガメムノン王を殺害した母親に

図8-4 エディプスとスフィンクス※ (Gustave Moreau, 1864)

※テーバイ王の父を殺害したオイディプスは，テーバイの人々を苦しめる怪物スフィンクスを退治して王となり，そうとは知らず母を娶る。

復讐する娘のエレクトラの話で、女の子は父親に愛情を向け、母親に敵意を向ける状態をいう。このような精神分析の概念が普遍性を持つかについては批判もあるが、親子関係について示唆を与えるものである。

3 性格の理論

　性格の理論は、主に2つの立場がある。主としてドイツで発達し、人をいくつかのタイプに分類して理解しようとする立場である**類型論**と、主としてアメリカやイギリスで発達し、「社交性、内向性……」のような特性の集合体と考え、各特性の程度を調べることによってその人の性格特徴を把握しようとする**特性論**である。

a　類型論

　類型論とは、人をいくつかのタイプに分類して理解しようとする立場である。20世紀前半のヨーロッパ、主としてドイツで活発に研究された。類型を仮定する考え方は古代ギリシャ時代にまでさかのぼることができ、ギリシャの哲学者であるテオプラトスの「人さまざま」や、ギリシャの解剖学者で哲学者であるガレノスの「体液説」などがある。

　類型論において、基準を身体的特徴や体質的特徴におくものとして、**クレッチマー**、シェルドンなどの理論があり、社会的・文化的な側面を含む心理的特徴におくものとして、**シュプランガー**やユングなどの理論がある。

　類型論の長所は、人の性格を直感的・全体的にとらえることができるので、イメージをしやすいという便利さがあるが、短所として、1つの類型と他の類型の中間型や移行型が無視されやすいことがあげられる。たとえば、内向型であると同時に、行動力がある人もいるが、内向型というタイプだけに注目すると、他の面が見落とされてしまうことがある。子どもを理解する過程で分類が求められることもあり、イメージとして把握しやすい類型論の存在意義はある。しかし、類型論だけで人をとらえるのではなく、特性論などと組み合わせて総合的に判断することが求められるだろう。

(1) クレッチマーやシェルドンの類型論

ドイツの精神科医であるクレッチマーは，精神病患者の臨床的観察にもとづいた性格の類型論を提唱した（図8－5）。多くの精神病患者と接する中で，特定の精神病が特定の体型の人に多く現れ，統合失調症は細身型の体型の人，躁うつ病は肥満型の体型の人，のちに，てんかんは闘士型の体型の人が多いということに気づいた。さらに一般の人の性格にまでこの考え方を発展させることを試みて，精神病患者が病気になる前の性格や，患者の家族の体型とその性格などを調べたところ，健常な人でも体型と性格には一定の関係があるという結論に至った。つまり，健常者の性格には，病的ではないが，統合失調症，躁うつ病，てんかんの患者が示す行動特徴と類似の傾向が認められるとした。

体型と一般の人の性格との関係として，「肥満型」の人に多い気質を「躁うつ気質」，「細長型」の人に多い気質を「分裂気質」，「闘士型」の人に多い気質を「てんかん気質」とした。ただし，これらの気質と精神病は直接関係ないので，「躁うつ気質」を「循環気質」や「同調性気質」，「分裂気質」を「内閉性気質」，「てんかん気質」を「粘着気質」などと置き換えられることがある。

躁うつ気質の特徴は，社交的で，善良，親切，分裂気質の特徴は，非社交的でもの静か，内気できまじめ，てんかん気質の特徴は，几帳面で凝り性，まじめで粘り強い，頑固で融通がきかないなどがあるとされた。

アメリカのシェルドンが健常者の体型と性格の相関を求める研究をしたところ，クレッチマーの仮説を支持する形となった。シェルドンは胎生期における胚葉の発達と関連させて，内胚葉型（肥満型），中胚葉型（闘志型），外胚葉型（細長型）の3つの身体の類型を見出し，各々の類型は内臓緊張型（躁うつ気質），

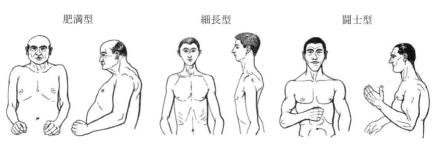

図8－5　クレッチマーの体型と性格の類型（クレッチマー，1969）

身体緊張型（てんかん気質），頭脳緊張型（分裂気質）と高い相関を示した。

(2) ユングの類型論

スイスの精神医学者であるユングは，精神分析学的な見地から，リビドー（心的エネルギー）の向かう方向によって，内向型と外向型の2類型を分類した。外向型の特徴は，心のエネルギーが自分の外側である周囲の現実に向かう傾向があり，内向型の特徴は，心のエネルギーが自分の内側に向かう傾向がある。

さらに，ユングは，4つの心理的基本機能として思考，感情，感覚，直観を想定して，2つの向性である外向，内向と組み合わせ，8つのタイプを分類した（表8－1）。

(3) シュプランガーの類型論

ドイツの心理学者，哲学者であるシュプランガーは，理論，経済，審美，宗教，権力，社会の6種の価値の中で，何にもっとも価値をおいて何を志向して

表8－1　ユングの性格の類型論（山中，1989）

機能＼向性	内向	外向
思考	大著をもつ学者	有能な弁護士
感情	謎めいた音楽家	人あしらいの上手な料亭のおかみ
感覚	詩人	切れ者のエンジニア
直観	古代美術の権威	成功している実業家

表8－2　シュプランガーの類型論

理論型	物事を客観的にとらえ，理論的な知識体系につくり上げることに価値をおく
経済型	あらゆる点で経済性，実用性にもっとも価値をおく
審美型	現実生活に関心がなく，芸術など，美しいものに最高の価値をおく
宗教型	聖なるもの，清らかなることを求め，生きがいにしている
権力型	人を支配することに喜びを感じる傾向があり，権力を持つことや人を説得することへの関心が強い
社会型	人を愛することや，誰かの役に立つことに喜びを見出し，そのことに生きがいを感じている

いるかによって6つの類型を考えた（表8－2）。実際は1人の人に多くの価値志向があり，どの型に属するかを単純に決定できないこともあるが，キャリア教育などの過程で参考になる類型論であるといえるだろう。

b　特性論

特性論は，たとえば「楽天的」，「攻撃的」などの一貫した行動傾向のことを特性といい，このような特性の程度によって性格が決定されるとする性格理論である。アイゼンク，ギルフォード，キャッテルらが独自の理論を唱えている。特性論では性格を量的に示して，プロフィールによって表すことが多い。特性論では，統計手法の1つである因子分析によって，性格の基本的な特性を導き出すことができる。特性論の問題点として，性格特性をプロフィールによって示すことは，類型論に比較すると個人の性格を直感的に把握するには難しいこと，共通する特性の量的比較なので，その人だけの独特な特性を見逃してしまう可能性があることなどがあげられる。

特性論において，基本的特性についての最終的な一致が研究者間で得られていなかったが，1980年代以降はビッグ・ファイブが定説となっている。5つの特性因子は神経症傾向，外向性，開放性，調和性，誠実性とされた。

4　性格のとらえ方

子どもの性格をとらえる主な方法として，観察法，面接法，テスト法がある。それぞれに長所と短所があり，さまざまな方法を体得して併用していくことが求められる。

a　観察法

観察法は，可能な限り客観的に，個人を観察し記録する方法である。観察法は，育児日記などのような日常生活を観察する日常的観察法と，目的を明確にして，科学的な記録法を用いて観察する組織的観察法がある。

観察を行う際に留意する点として，測定対象となる行動の基準や，測定した頻度や回数の正確な記録方法を明確にすること，複数の観察者が測定を行い一

致率を確認することなどがある。

b 面接法

面接法は，会話によって面接者が被面接者の性格を直接的に理解しようとする方法である。面接法には，質問項目が決まっていない自由面接，質問項目が決まっている標準化された面接がある。

c テスト法

テスト法には，**質問紙法**，**投影法**，**作業検査法**がある。実施の手軽さや，統計的な分析にかけやすいことから，質問紙法のような量的な分析が用いられることが多いが，面接や行動観察などによって質問紙では把握しきれない質的な面にも着目して，併用していくことが求められる。たとえば，質問紙調査で気になる子どもを面接して詳しく検討してみるなどが考えられるだろう。

(1) 質問紙法

質問紙法は，用意された質問文に本人が自発的に回答していく方法である。たとえば，「人中ではいつも後ろのほうに引っ込んでいる」に対して，「はい」・「いいえ」・「どちらでもない」のいずれかで回答する。代表的なものとして，YG性格検査（矢田部・ギルフォード性格検査），MMPI（ミネソタ多面性人格目録），MAS（顕現性不安検査），EPPS（エドワーズ欲求検査），CMI（コーネル・メディカル・インデックス），エゴグラムなどがある。

質問紙法の長所は，実施方法が難しくないこと，短時間に多くの情報を得られること，検査結果を統計的に分析して個人間の比較が客観的にできることなどがあげられる。短所は，自己を歪曲して報告しようとする場合があることである。社会的望ましさにそって回答してしまうことがあるので，「今までに一度も嘘をついたことがない」といったような虚構尺度を加えた検査もある。また，質問の意図を誤解してしまう可能性があったり，言語の発達が不十分な年少者などには実施が難しかったりするなどの短所がある。

① YG性格検査（矢田部ギルフォード性格検査）

YG性格検査は，12の性格特性を表す尺度について，それぞれ10の質問項目，計120項目について回答する質問紙法で，わが国で用いられることの多い質問

紙法の性格検査の1つである。たとえば,「色々な人と知り合いになるのが楽しみである」という項目について,「はい」,「いいえ」,「どちらでもない」のいずれかにチェックする。集団での実施が可能であり,学校や入社試験などの適性検査としても利用できる。

② エゴグラム

バーンの交流分析をもとに弟子のデュセイが考案した質問紙法で,わが国では東大式エゴグラム（TEG）が有名である。規範的な親,養育的な親,大人（おとな）,自由な子ども,順応した子どもという5つの自我状態についてプロフィールを作成し,各自我状態の強弱・性格の傾向を知ることができる。

(2) 投影法

投影法は,曖昧な図形や文章を示して,口頭あるいは文章,その他の自由度の高い表現などで回答を求め,性格を測定する方法である。代表的なものとして,ロールシャッハ・テスト,文章完成法テスト,PFスタディ,TAT,バウム・テスト,箱庭技法,描画法などがある。長所としては,心の深層まで分析することができることや,質問紙法のように社会的望ましさにそって反応を歪めることがしにくいことなどがあげられる。短所は,解釈が検査者の主観に影響されてしまうことや,検査者に十分な知識と経験が求められることなどがあげられる。

① ロールシャッハ・テスト

ロールシャッハ・テストは,左右対称のインクのしみを描いた図版10枚を順番に提示し,何に見えるかを自由に述べさせる投影法である。反応領域,反応決定因,反応内容,反応の質と反応数などによって総合的に解釈される。実施には高度な知識と熟練を要する。

② 文章完成法テスト

文章完成法テストは,文章の冒頭を提示して自由に文章を完成させる投影法である。たとえば,「私の母は」,「子どもの頃,私は」などの未完成な文章の始まりが提示され,文章を完結させる。家族関係,交友関係,自己像,欲求などのさまざまな領域の傾向を把握することができる。

③ PFスタディ（絵画－欲求不満検査）（図8－6）

PFスタディは,欲求不満場面に対してどのような反応を示すかを見る投影

第 8 章　子どもの個性を把握するチカラ　　**143**

図 8 - 6　PF スタディ　児童用
超自我阻害場面（林ら，2006）

図 8 - 7　TAT の図版
（マレー，1938）

法で，欲求不満場面におかれた人物が描かれた絵の空白の吹き出しに，自分であればどのように言うかを記入する。欲求不満や葛藤場面に対する反応としての自責，他罰，無罰傾向の程度や，自我防衛などの傾向を分析することができる。

④ TAT（主題統覚検査）（図 8 - 7）

　TAT は，アメリカの心理者のマレーによって開発されたもので，人物を含む漠然とした場面が描かれた図版，合計 12 枚を 1 枚ずつ見せて，それを見て過去から現在，そして未来にわたる空想物語をつくってもらい，自由に話してもらう投影法である。語られた物語の中に被検査者の欲求や葛藤などが反映されるとされる。児童版としてリスを主人公とした CAT（児童用絵画統覚検査）がある。

⑤ バウム・テスト（樹木画テスト）

　バウム・テストは，スイスの心理学者コッホによって考案された投影法である。バウムはドイツ語で樹木を意味しており，1 枚の A4 用紙と鉛筆を渡し，「実のなる木を 1 本描いてください」と指示して，その描かれた絵を評定するものである。木を描くという表現を通して心の内面が描画に投影される。まだ言語的表出が十分でない子どもや，緘黙児などにも用いることができる。

⑥ 箱庭技法

　箱庭技法は，砂の入った木箱の中に人物，動物，建物，自然などのミニチュアを並べたり，砂を用いて山や川などをイメージして形づくるといった自由な

図8-8　箱庭の一例

表現を行う技法である（図8-8）。非言語的な表現技法であるため，言語の発達の不十分な年少者でも実施が可能である。ローエンフェルドの世界技法をカルフがユングの理論にもとづいて発展させた心理療法でもあり，性格検査としてよりも，臨床で「箱庭療法」として使用されることが多い。

(3) 作業検査法

作業検査法は，精神的な負荷がかかる単純な作業を一定時間課して，作業量の推移などから性格を測定する検査方法である。長所としては，作業の条件が規定されており，客観的な実施が可能なことや，社会的望ましさにそって回答が歪められることが少ないことなどがあげられる。また，言語に障害のある人に対しても使用することが可能である。短所としては，特定の場面に特徴的な性格特性を測定することに限られており，性格のさまざまな側面を評価することができない点などがあげられる。

代表的なものとして，内田クレペリン精神検査がある。これは，ドイツの精神科医のクレペリンによって考案され，内田勇三郎が発展させた作業検査法で，一列に並んでいる数値を提示して，隣り合う数値を加算させ，作業速度の変化を示す作業曲線を定型と非定型に分け，評価する。作業量や，初頭努力，終末努力などを見る。性格特性の中でも作業場面に関連する注意力や持続力などの特性の理解に有効で，運転手や作業員の事故に関して予測的妥当性が高いといわれている。採用試験などで利用されることもある。

5 不適応

a ストレス

ストレスとはもともと工学用語であり，物質に何らかの圧力がかかったときにその歪みに反発する状態をいうが，カナダの生理学者のセリエによって，過酷な環境に置かれたときに生じる心身の緊張状態として提唱された。心身の安全を脅かすような環境をストレッサー，ストレッサーに反応した結果としての心身の状態をストレス反応と呼ぶ。

b フラストレーション

人は欲求満足行動を何らかの事情で阻害されると，フラストレーション状態に陥る。フラストレーション状態に置かれると，情動的に興奮してしまい，場合によっては不適応な行動を起こしてしまうこともある。

フラストレーションは欲求不満，欲求阻止などと訳されることもある。欲求阻止と訳される場合は，欲求にもとづく行動が障害によって行動が阻止された状態をさす。欲求不満と訳される場合は，欲求阻止の結果としてもたらされる不快な心的状態をさす。

欲求不満を解消するための行動を意味するフラストレーション反応には，攻撃反応（欲求不満によって生じた不快感情を攻撃によって発散させる反応），代償反応（当初の目標と類似した代理的な目標を達成しようとする反応），迂回反応（欲求を直接満たすことができないときに，回り道をして欲求を満たそうとする反応），逃避反応（欲求不満を生じさせている問題から逃れようとする反応），退行反応（発達段階を逆戻りして未熟な行動をする反応），固着反応（問題の解決には役立たない行動が固定化して，それに固執する反応）などがある。

欲求不満に耐える力を欲求不満耐性（フラストレーション・トレランス）という。不適切な方法を用いないでフラストレーション状況に対処することのできる能力である。欲求不満耐性を身につけさせることは，子どもの教育において重要なことの1つであるだろう。欲求不満耐性を身につけるためには，子どもに適度な欲求不満を経験させること，おとなが欲求不満状態に適切に対処す

るモデルを示すことなどが必要である。

c コンフリクト

コンフリクト（葛藤）はフラストレーションが生じる原因の1つで，複数の欲求が同時に拮抗して存在し，どの欲求に応じた行動をするか選択できない状態である。

レヴィンは葛藤を，接近―接近型，回避―回避型，接近―回避型の3つに分類した。接近―接近型は，複数の目標が同程度の魅力を持ち，行動ができない状態である。回避―回避型は，複数の避けたい対象があり，行動ができない状態である。接近―回避型は，同一の対象に対して，魅力的な面と魅力的でない面が併存している場合に，行動ができないでいる状態である。

d 防衛機制

防衛機制は，フロイトによる精神分析学の中心的な概念の1つである。強い葛藤が生じたなど，自我が脅かされたときに，不安などの受け入れがたい感情が生じることを防ぎ，心の安定を図るためにとられる自我による無意識の調整機能を防衛といい，防衛のためにとられる手段を防衛機制という。

防衛機制には，抑圧（不快な感情，記憶などを抑え込み，無意識化すること），否認（不快な感情を引き起こす現実を認めないこと），逃避（現実の葛藤や不安を避けること），隔離（自分の考えや事実から不快な感情を切り離し，無意識に抑え込むこと），反動形成（不快な感情などが表出するのを防ぐために，正反対の態度や行動をとること），合理化（欲求が満たされないときに，自分のとった行動や態度を正当化するために言い訳をすること），知性化（欲求が満たされないときに，知的思考に置き換えて解消しようとすること），投影（認めたくない欲求や感情を，相手が自分に向けていると考えること），転移（特定の人へ向かう感情を，似た人へ向けること），昇華（満たされない欲求を，社会的に受け入れられる方法で解消すること），置き換え（ある対象に向けられていた感情や欲求を，他の対象に向けることによって解消すること），退行（欲求が満たされないときに，発達段階を逆行して，子どものような状態に戻ること），同一視（好きな人の思考，態度，行動などを取り入れて自分の

ものとすること）などがある。

e 不適応にかかわる障害

　子どもに関連する**不適応**の主なものとして，うつ病，統合失調症，不安障がい，摂食障がい，性別違和，PTSDなどがあり，子どもの不適応を理解する際にこれらの症状や対応などの知見を理解していることが求められる。ただし，学んだばかりの症状記述に従って，不適応が見られる子どもを短絡的に把握してしまうことがないように注意することが必要である。

(1) うつ病

　うつ病は，気分の落ち込みなどが主な症状であるが，気分，身体，思考，行動の面でさまざまな症状が出現する。主な症状としては，抑うつ気分，興味や喜びの著しい減退，食欲の減退または増加，不眠または睡眠過多，精神運動性の焦燥または制止，易疲労性または気力の減退，無価値観または過剰あるいは不適切な罪責感，思考力や集中力の減退または決断困難などがある。子どものうつは，頭痛・腹痛といった身体の症状を訴えても見逃されてしまうことが多いので，可能な限り早期に気づいて対応することが必要である。

(2) 統合失調症

　統合失調症は，妄想，幻覚，陰性症状（情動表出の減少，意欲欠如）などの症状によって特徴づけられる精神障がいである。この病気の特徴である病識（自分は病んでいるという意識）の乏しさによって，薬の服用を自己判断で中断してしまい，症状を悪化させてしまうという服薬治療の難しさがある。

(3) 不安障がい

　不安障がいは，過剰な不安，心配，恐怖の特徴を持つ精神障がいの1つで，DSM-5では，分離不安障がい，選択性緘黙，限局性恐怖，社会不安障がい，パニック障がい，広場恐怖症，全般性不安障がいなどのバリエーションがある。

(4) 摂食障がい

　摂食障がいは，食行動の重篤な障害を呈する精神障がいの1つで，主に神経性やせ症（神経性無食欲症），神経性過食症（神経性大食症）に分類される。これらに共通する特徴として，体型と体重の認知の障害があり，心理的支援が必要となる。

(5) 性別違和

　教育現場においても，性的マイノリティとされるLGBTへの対応が，昨今では課題になっている。LGBTは同性愛や両性愛等の性的指向にかかわるLGB（Lesbian, Gay, Bisexual）と，性同一性に関するT（Transgender）を1つの枠に組み入れた用語であるといえる。なかでも，反対の性に対する持続的な同一感を特徴とする性同一性障がいは，DSM-5（2013）において，性別違和という診断名に変更された。性別違和への支援には，性別の多様性を理解し受容する臨床的姿勢が求められる。

(6) 心的外傷後ストレス障がい

　心的外傷後ストレス障がい（PTSD）は，強いストレスにあった外傷体験により，強い恐怖感，無力感などの症状が見られるものである。外傷的体験に出会って1カ月以内に起きるものは急性ストレス障害という。PTSDの治療で効果的とされる治療の1つにEMDR（眼球運動による脱感作と再処理法）がある。

考えてみよう・話し合ってみよう ⑧

　自分自身が最近経験したフラストレーション状況や状態と，そのときの反応について思い出してください。さらには，子どもたちが学校で体験するさまざまなストレス，いわゆる学校ストレスにはどのようなものがあり，それをどのように乗り越えているか，教員としてどのように指導するかも考えてください。

第9章
子どもの悩みを理解しようとするチカラ

　本章では，教員が悩みや問題を抱える児童生徒を援助するために必要な知識とは何かについて心理臨床の理論をもとに考えてみよう。そのためには，カウンセリングを行う際の基本的事項，代表的な援助の技法，集団援助の技法や学校現場での援助に必要な連携に関する知識についても理解を深めることが必要である。

> **キーワード**
> カタルシス，見立て，ラポール，カウンセリング・マインド，マイクロカウンセリング，来談者中心療法，認知行動療法，プレイセラピー，構成的グループ・エンカウンター，連携
>
> **キーパーソン**
> ロジャーズ，アイビィ，ウォルピ，エリス，國分康孝

1　なぜ心理臨床を学ぶのか

a　教科書を投げた児童

　学校現場では不登校やいじめなどの問題が多発している。日常生活の中で悩みやトラブルを抱える児童生徒は少なくない。このような教育上の問題に対して，教員はどのように取り組んでいるのだろうか。

　たとえば，算数の問題が解けないことを花子にからかわれた小学3年の男児，和男がかっとなって教科書を花子に投げつけた。そのとき，担任は「からかわれて悔しかったね。問題が解けない子のことをからかうのはいけないことだね。でも，悔しくても教科書を人に投げてはいけないね」と和男の気持ちを受け止

めつつ，どうしたらよかったのか，一緒に考え始めた。この事例において，まず教員は問題を起こした児童がなぜそのような行動をとったのかを聞き，その心情に共感している。子どもは自分の不満を吐き出せ，しかもそれを理解してもらったことで落ち着きを取り戻せた。自己の内にある感情や思考を外に表出することは，心のバランスを取り戻すことになる。これを**カタルシス**（心的浄化）という。カタルシスを経て落ち着いた子どもは，次に望ましい行動は何だったかを一緒に考えることができる。この過程を通して，教員は今後子どもがクラスでより適応できるように導いている。教員は児童生徒の気持ちを理解するだけでなく，より良い適応状態をめざして必要なことを教え，導かなければならない。

b 援助と指導

問題や悩みを抱える児童生徒に対する教員の仕事として，教育相談と生徒指導という2つの用語がよく用いられる。先にあげた事例でいえば，児童の話を聞くことにより問題解決に役立たせる部分は，心理療法やカウンセリングにも通ずる教育相談的なかかわりといえる。一方，より良い適応状態をめざして児童を教え導く部分は，教育学や指導論が活かされる生徒指導的なかかわりになる。両者は，それぞれ石隈利紀（1999）の定義した援助サービスと指導サービスに対応する。石隈は，2つのサービスは相補的に機能し，援助サービスは指導サービスの基盤になると述べており，援助サービスによって児童生徒の抱える問題を解決し，指導サービスによって児童生徒のさらなる成長を促すという教育の過程が想定される。教員は職業上はカウンセラーではないが，心理臨床について学ぶことでより効果的な援助サービスを行うことが可能になり，それが指導サービス，ひいては教育活動全体の質の向上につながる。教員が心理臨床について学ぶ意義がここにある。

2 見立てることの役割

a 心理臨床は仮説検証である

一般の人が友人の悩みを聞く場合と，カウンセラーなどの心理臨床の専門家

がクライエントの悩みを聞く場合とでは、何が違うだろうか。その1つに、心理臨床では見立てに関する仮説検証を行っていることがあげられる。カウンセラーが最初に行う見立てには、次の4つの要素がある。

①クライエントの訴える問題は何か

　困っている事項が次々と訴えられる場合や、防衛的なクライエントが表面的な話に終始しているような場合は、本質的な問題が何か、見極める必要がある。

②原因や背景は何か

　問題がどのような経緯で起こったか、その発生に影響した要因は何かについて推測する。

③どのような対応が可能か

　問題の原因や背景に対する援助や解決の方法、その実現可能性や有効性の程度について推測する。

④予後はどうか

　有効であると考えられる対応を行った場合、どのくらいの期間で、どの程度の改善が見込めるかについて推測する。

　カウンセラーは、この見立てにもとづいてカウンセリングを進める。ただし最初の見立てはあくまでも推測の集合体にすぎない。最初から的確な見立てをすることは重要だが、実際にカウンセリングを進めていく中で見立てを修正していくことも大切である。図9-1にそのプロセスを示した。カウンセラーは、最初の見立てにもとづいてカウンセリングを行い、見立てに誤りがあれば修正し、次はその修正した見立てにもとづいて以後のカウンセリングを行う。改善が見込めるであろうと推測した時期になっても改善が見られないときは、見立ての見直しが必要な場合が多い。見立ての修正を繰り返しながらカウンセリングを進めることで、見立ての内容はよりクライエントの現実に近いものとなり、それにもとづくカウンセリングもより適切な内容に近

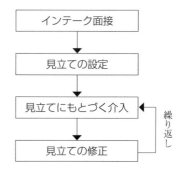

図9-1　心理臨床のプロセス

づく。このように，科学研究の仮説検証と同様の過程をもって進めていくことが，心理臨床を専門技術たらしめている要素の1つなのである。教員が児童生徒を援助する際にも，見立てにもとづきながら進めていくことが望ましい。

b インテーク面接の心得

心理臨床において最初の見立てを考えるには，材料となる情報を集める必要がある。そのために行う面接をインテーク面接（受理面接）という。インテーク面接は通常初回の面接であることが多いが，初回に十分な情報が集められなかった場合には，何回かに分けて行われることもある。インテーク面接で集めておきたい主な情報は4つある。

①問題とその経過

クライエントの訴える問題がどのように始まり，どのような経過をたどったか。問題のきっかけや悪化から原因，背景を推測できる。クライエントがこれまで問題に対してどのような対応をとって失敗してきたのかは，有効な介入を考える材料になる。

②生育歴

家庭環境や人生における大きな出来事などが，現在のクライエントに影響し，問題の原因や背景になっている可能性がある。

③対人関係

クライエントの過去や現在の人間関係から，問題の原因や背景が推測できる。クライエントを支える今の人間関係について確かめることは，問題解決への資源の有無を検討することにもなる。

④性格特徴

クライエントがどのような思考や行動の特徴を持っているか理解することは，問題の原因や有効な解決方法を推測するのに役立つ。

この他，クライエントの年齢，性別，職業，居住地域といった属性情報も，クライエントや問題の理解に役立つ情報である。効果的な面接を行うには，単に情報を集めようとクライエントの話を聞くのではなく，見立てをしながら聞くことである。そうすることで必要な情報を集めるための質問ができ，効率良く面接が進められる。目の前にいるクライエントがどのような人か，問題がど

のようなものかイメージしながら理解しようとすること，このような問題だから原因はこれだろうというようなステレオタイプにもとづく理解ではなく，つねに新鮮な好奇心を持って理解しようとする姿勢も大切である。

c 観察の重要性

　見立てを考える際には，インテーク面接で話を聞くことだけでなく，クライエントの観察が役立つ。たとえば，他人に失礼なことをされたエピソードを話しつつも「まあたいしたことではないんですが」と述べたクライエントをよく観察してみると，右手に力を入れて強く握りしめていた。それを見たカウンセラーは，本当は怒りを感じており，おとなとして振る舞うために自分の気持ちを抑える傾向があるのだろうと推測する。このように言語的表現に比べると非言語的表現は一般に本音が表れやすく，クライエントの心情を把握するのに役立つ。面接室の入出時の様子，姿勢，癖，服装の好み等からクライエントの性格特徴を推測し，見立てを考える際に活かすこともできる。

　言語能力や内省能力が未熟な子どもは自分の思いを十分に語ることができない場合もあるが，そのような場合には観察がより重要な役割を果たす。教員が問題や悩みを抱えた児童生徒に対して援助サービスを提供する際には，時間をかけたインテーク面接は難しい場合も多いが，日常の教室での様子等の観察から読み取れることは多いはずである。

3 信頼関係づくり

a ラポールの重要性

　インテーク面接では，情報を収集して見立てを考えることに加え，クライエントとの間にラポールと呼ばれる信頼関係も形成しなければならない。多かれ少なかれクライエントはカウンセリングの場で自分の問題を話すことに抵抗感を持っている。語られる問題はクライエントが楽しい気分で話せる内容ではなく，恥ずかしいと感じる人もいる。クライエントは，カウンセラーに対して，この人は自分の話や気持ちを理解してくれる，この人なら自分の問題を解決する力になってくれるという思いを持って初めて相談できる。教員に対する児童

生徒の心情としても，日常の学級運営や教科教育については信頼感を持っていても，相談相手としての信頼感は別であることが多い。援助サービスの担い手として，新たな信頼関係をつくる必要がある。

ラポールの形成には，カウンセラーが話を聞く際の態度が大きく影響する。インテーク面接ではいくら情報収集が大切でも，一問一答形式であらかじめ用意された質問リストにそって質問していくような方法は望ましくない。このようなクライエントの感情や思考の流れを無視した面接では，カウンセラーの態度は事務的に感じられ，ラポール形成にはつながらない。カウンセラーの態度次第で，クライエントは自分の思いが大切にされていると感じ，信頼感を持つことができる。それがカウンセリング・マインドである。

b カウンセリング・マインド

クライエントとラポールを形成するために，カウンセラーが心がけておくべきことを，カウンセリングの心，あるいはカウンセリングの精神という意味から**カウンセリング・マインド**という。

カウンセリング・マインドの具体的な内容は，**ロジャーズ**（2005）によって提唱されたカウンセラーの条件から引用されることが多い。カウンセラーが，クライエントに変化を起こさせるためにとるべき態度をつねに頭の中に置きながらカウンセリングを進めることで，ラポール形成やカウンセリングの成功が期待される。具体的には3つがあげられる。

①無条件の肯定的関心

カウンセラーが自分の価値観や感情をいったん脇に置きクライエントを理解しようとする態度である。暴力をふるった生徒に教員があからさまに「けしからんやつだ」という態度で話を聞こうとしても，反発するばかりで暴力をふるった心情を語ろうとはしないだろう。自分の思いから離れ，なぜそのような行為をしたのかに関心を持って聞くことで，クライエントは内面を語りやすくなる。

②共感的理解

クライエントの立場や感じ方にそって，内面や心情を理解しようとする態度をさす。クライエントや問題そのものの理解を深められるだけでなく，気

持ちをわかろうとするカウンセラーの態度が，クライエントの信頼感を高めることにもつながる。

③自己一致

カウンセリングの場でカウンセラーが自分の感情や思考に気づき，受け入れることをさす。教員が無条件の肯定的関心を意識するあまり，暴力に対する自分の否定的な思いまで抑圧してしまっては適切な判断が不可能になる。また，クライエントに対して正直でない態度は不信感につながる。さらに，攻撃的なクライエントに対して居心地の悪さを感じたカウンセラーが，日常生活でも周囲の人間はこのような居心地の悪さを感じているのかもしれないと推測するように，クライエントに対するカウンセラー自身の感情や印象を分析することで，クライエントの特徴や問題の背景を考える材料が得られる場合もある。

c 関係づくりの技法

カウンセリング・マインドはカウンセラーが意識すべき指針ともいえる内容なのに対し，より具体的な行動レベルでラポールを形成する技法も検討されている。その代表がマイクロカウンセリングの基本的かかわり技法である。**マイクロカウンセリング**とは，アイビィ（1985）がさまざまな心理療法を概観し，カウンセラーがカウンセリングの過程において行うべきことを体系化した理論である。これは，カウンセラーをめざす者が習得すべき技法を体系化した訓練内容と見ることもできる。

たとえば，面接では「はい」「いいえ」で答えられるような閉ざされた質問を多用するのは望ましくない。ある質問に対してクライエントの思考が刺激され語りたいことが生まれても，閉ざされた質問では難しい。それよりも自分のことばで答えなければならない開かれた質問のほうがクライエントは思う存分自分の内面を語れる。他にも，カウンセラーが話を聞いていることを相手に伝えるかかわり行動や，カウンセラーがクライエントの話を共感的に理解していることを伝え，クライエントの内省を促す効果のある感情や意味の反映などの技法がある。ただし，大切なのはこれらの技法を単に実践することではなく，クライエントとのラポールを形成し，カウンセリングを有効に機能させるため

に活用することである。

4 さまざまな心理療法

a 来談者中心療法

　カウンセリングは職業ガイダンスを起源に持ち，過去にはカウンセラーがクライエントの情報を集めて分析し，今後どうすればよいかについて助言指導する形式が一般的であった。ロジャーズは，このような指示的技法に対し，クライエントの主体性を尊重すべきだ，つまりクライエントには自分の問題を解決するための自己治癒力が備わっており，カウンセラーはそれが発揮できるように援助することが務めであると主張した。そして自らの技法を来談者中心（非指示的）療法と呼んだ。

　図9-2に部活動の運営に悩むキャプテンに対するカウンセリングの例を示した。**来談者中心療法**では，人が自分自身のことをどう見ているかという自己概念が重視される。「こうなるべきである自分」のことを理想自己，「今こうである自分」のことを現実自己というが，不適応を起こす人は2つの自己の間にギャップがあることが多い。理想自己と現実自己の内容を近づける，つまりクライエントを自己一致の状態に導くことで，悩みが解決されると考えられる。

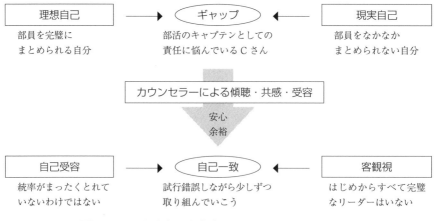

図9-2　来談者中心療法によるカウンセリングの例

クライエントを自己一致の状態に導くには，カウンセラーはカウンセリング・マインドを持ってクライエントの話を傾聴することが求められる。そのような対応を通して，クライエントはカタルシスを体験し，自分が否定せずに受け入れられたと感じて安心する。カタルシスや安心感は心の余裕を生み，その余裕は自分の置かれた状況を客観的に理解するのに役立つ。さらに，カウンセラーによる受容や自己の客観視により，クライエントは自己受容ができて自己一致へと近づいていく。

このように，来談者中心療法はカウンセラーの非指示的態度によってクライエントの自己治癒を促す点に特徴があり，教員が問題や悩みを抱える児童生徒の話を聞く際にも役立てることができる。

b 認知行動療法

認知行動療法にはさまざまな理論的背景があり，実際に用いられる技法もさまざまであるが，それらを意味づける枠組みは共通している。それは，クライエントの現状や抱えている問題を「感情・身体反応－認知－行動」という3つの側面から理解しようという枠組みである（図9－3）。この3つの側面はお互いに影響をおよぼし合っており，認知行動療法ではその関連性を利用して問題の解決を図ろうとする。つまり，3つの側面のうちどれか1つを適応的に変

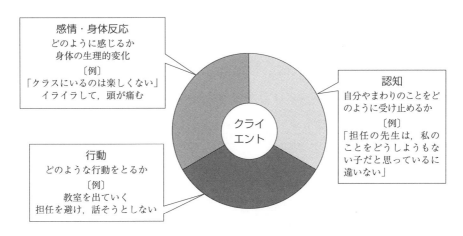

図9－3 認知行動療法の基本的枠組み

図9-4　学校に行くことができない子どもの不安階層表の例

えられるように働きかけることによって，良い循環を生み出そうとするのである。
(1) 行動を変える
　学習理論の観点から，不適応は不適切な学習の結果，もしくは適切な学習がなされなかったと解釈して，不適切な学習の消去か，適切な行動の強化によって問題の解決を図ろうとするアプローチがある。ウォルピ（1977）が考案した系統的脱感作法では，古典的条件づけの観点から問題を整理する。たとえば，学校で怒られ続けて不登校になった子どもは，学校という条件刺激と怒られるという無条件刺激が対提示された結果，本来怒られることに対する反応であった怖いという感情が条件反応として学校に結びついてしまったと解釈できる。そこで，まず子どもにリラクセーション法を習得させ，登校場面で行わせることを繰り返していくと，学校という刺激とリラックスという反応の間に新たな学習が成立する。なお，この取り組みは家を出て通学路を歩く場面，学校の玄関に入る場面，教室の前まで行く場面といったように，子どもの不安が低い状況から段階的に行う（図9-4）。リラクセーションを行いながらの登校という新たな行動の積み重ねによって，「学校は怖い」という認知の修正や，恐怖感情の低減が期待できる。
(2) 認知を変える
　一般に，同じネガティブな出来事を体験しても，楽観的な人はストレスが少なく悲観的な人はストレスが多い。このような個人のとらえ方の影響を重視し，バランスのよい見方，考え方ができるように援助することをめざすアプローチがある。エリスとハーパー（1981）の論理療法では，不適応的な認知は不合理な信念と表現される。Aという出来事をBという不合理な信念でしかとらえ

表9-1　論理療法におけるABCDE理論の例

A：出来事	B：信念 不合理な信念	C：結果 気持ちや考え	D：反駁 合理的な信念	E：効果 気持ちの変化
算数の授業で、クラスで自分だけ答えがわからなかった。	みんなと同じことができない人は落ちこぼれだ。	ぼくは落ちこぼれだ。次の授業には出たくない。	いつも全員が正解できるわけじゃない。できないこともあるのが普通。	今日はわからなかったけど、次は正解できるようにがんばるぞ。

られないために自分を否定するような結果Cを起こしてしまうので、合理的な信念を抱けるようなBに対する反論Dを通して、Eのような気持ちの変化を引き出そうとする（表9-1）。具体的には、クライエントが自らの認知の特徴に気づき、それがどのような問題を起こしているか理解するところから始め、従来とは違う新しい認知の可能性に気づき、そのメリットを意識できるように援助していく。認知が適応的に変化することによって、感情や行動の変化が期待できる。

(3) 第三世代の認知行動療法

近年、マインドフルネス認知療法やアクセプタンス＆コミットメント・セラピーなどの新しいアプローチが注目され、第三世代の認知行動療法と呼ばれている。マインドフルネスとは、自分の「今この瞬間」の体験に対して、評価をせずに注意を向けることを意味する。たとえば、うつ病になりやすい人はネガティブな事柄に関することを繰り返し考えてしまう反すう傾向があるといわれる。そのような自分の思考に気がつき、そうした自分の状態を客観的に受けとめるスタンスを身につけることができると、不快な体験も受け流すことができるようになっていく。マインドフルネス認知療法のプログラムは、マインドフルネスを習得する練習、日常生活における気づきやさまざまな出来事に対する受容性の向上等を目的とした内容で構成されている。

c　プレイセラピー

言語や内省の能力が未熟な子どもが悩みや問題を抱えたときは、ことばのやりとりを中心とする従来の心理療法を行うのが難しい。そのような子どもを対

象とした心理療法として**プレイセラピー**が考案された。これは，遊ぶことによるカタルシス，つまり気持ちの発散や自己表現の効果を利用して，心の安定を図る方法である。ここでの遊びは日常における単なる子どもの遊びとは異なる。それは，治療効果が発揮されやすいようにカウンセラーが意図的に設定した場での遊びという点である。一般にはトランポリンやボールなどの遊具，人形や積み木，画用紙や粘土などのおもちゃを用意したプレイルームで行い，カウンセラーは子どもの自由な遊びを保障し，それを受容的，肯定的に見守る。日常の遊びは，他の子どもと協調しながら遊んだり，先生や親の目を気にしたり，意外に不自由なものである。プレイセラピーではそのような制限を取り払い，子どもが思うがままに遊ぶことを保障する。子どもはその自由な環境の中で遊ぶことで気持ちを発散し，肯定的に見守られる中で自己を受容でき，活力を取り戻していく。一方で，カウンセラーは遊びを始める前にケガをしない，させない，物を壊さないなどの必要な制限を与えておく。枠を与えられたことで，子どもは逆にそれ以外は何をしても自由なのだと安心して遊ぶことができる。学校においては教員と子どもが1対1で遊ぶことは少なくプレイセラピー自体を実施する機会はあまりないが，遊びの効用や遊びを見守るおとなの影響などについて学ぶべきところは多い。

5 構成的グループ・エンカウンター

a 構成的グループ・エンカウンターとは

　一般にカウンセリングというと，クライエントの悩みや問題の解決を援助するためのアプローチというイメージが強い。また，カウンセラーとクライエントが1対1で行う面接を思い浮かべる人も多いだろう。しかし，心理臨床には自己の成長を促して問題の発生を予防するための開発的アプローチや，集団を対象にした技法も存在する。構成的グループ・エンカウンターは，そういったアプローチの1つである。

　構成的グループ・エンカウンターは，レヴィンのTグループやロジャーズのベーシック・エンカウンター・グループといったグループアプローチをもとに，國分康孝と國分久子（2004）が体系化した技法である。集団活動を通して，人

間は他人や自分について知り，コミュニケーション力を向上させ，人間関係を学ぶことができる。こうした集団活動のメリットが得られるような活動をエクササイズとして設定し，参加者に提供するのが構成的グループ・エンカウンターである。構成的とは，活動の目的や内容，時間などを実施者が設定することを意味する。非構成的なグループアプローチでは，活動の枠組み自体は決められているが，参加者や場の流れによって内容や話題が変化する。つまり，場合によっては実施意図とは異なる結果につながる可能性があり，何が起こるかわかりにくいために参加に抵抗を感じる人もいる。一方で構成的グループ・エンカウンターは，内容が限定されて実施目的が達成される可能性が高くなり，安心して参加しやすいというメリットがある。

b 構成的グループ・エンカウンターの3つの要素

構成的グループ・エンカウンターは3つの要素で構成される（図9-5）。

(1) インストラクション

実施者が活動の目的や内容，方法などを参加者に説明し，参加者から不明な点について質問を受けつける。適切な説明によって実施目的の妨げになる行動

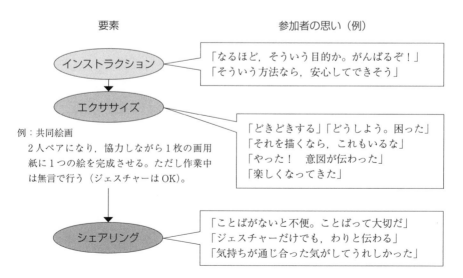

図9-5 構成的グループ・エンカウンターの3つの要素

が起こる可能性を減らし，参加への抵抗感も減らせる。とくに，何のためにするかの説明は重要である。それは，参加者が積極的に主体性を持って参加することが必要で，その動機づけには実施目的の説明が大きくかかわるためである。

(2) エクササイズ

活動の主となるのがエクササイズで，自分自身や他者について理解を深めるもの，コミュニケーションについて学ぶもの，トラブル対処能力を育てるものなど多様な活動が開発されている。実施者は目的にそったエクササイズを選択し参加者に提供する。実施を計画する時には，参加者の人数や特性，エクササイズにかける時間や実施方法などを考慮し，実施目的が達成できるような構成を心がけることが必要である。一方で，実際のエクササイズでは，参加者の雰囲気などに合わせた柔軟な対応が求められることもある。

(3) シェアリング

エクササイズの終了後に，参加者が自分の体験を振り返り，他の参加者と感想を共有する過程をさす。これは，エクササイズを単なるレクリエーションにしないためにも重要な部分である。エクササイズは楽しかった，つまらなかっただけで終わってしまっては意味が薄い。なぜ楽しかったのか，つまらなかったのか，それを通してどのような気づきを得たかを振り返ることにより，初めてエクササイズが意義深いものになる。また，他者の感想を聞くことは，自分と似た感想に共感したりまったく違う感想に視野が広がったりと，さらなる気づきを生む。実施者にとっては，実施目的が達成されたかどうか，終了後にケアが必要な参加者がいないかどうか等について把握する機会にもなる。

6　連携

a　連携の重要性

教員が問題や悩みを抱えた児童生徒に対応するときには，関係者との**連携**が求められる場合がある。たとえば，学級内で問題行動を起こした子どもに対して，内心ではその心情に理解を示しつつも，行動としては厳しく指導しなければならないこともある。そのような場合は，養護教諭やスクールカウンセラーなど他の関係者に生徒の思いを受けとめる役割を依頼することもできる。学級

での教育活動を有効に機能させるため，保護者との連携，医療機関や保健センター，児童相談所などの校外機関との連携が必要になることもある。このように，必要な役割を関係者で分担することで，より効果的な援助や指導が行える。

連携を行う関係者間では事例の見立てを共有する。見立ての共有によって関係者全員が子どもに対して一貫した対応ができ，それぞれの立場から内容を吟味することでより的確な修正が可能になる。

b 守秘義務

カウンセラーには，自傷他害のおそれがある場合を除き，カウンセリングの場で知り得た内容をクライエントの許可なしに第三者に伝えることはできないという守秘義務がある。これは倫理的意義に加え，ラポールの形成，維持にもかかわる重要な決まりで，教員が児童生徒に対して援助サービスを提供する場合にも適用される。しかし関係者間での連携が求められる学校では，この守秘義務を守れなくなることがある。こうした場合に適用されるのが，集団守秘義務という考えである。

集団守秘義務においては，連携が必要な関係者の中では情報が共有されるが，その情報が外部に伝わることはなく，情報が共有されていること自体についても関係者内で守秘が行われる（図9-6）。これによって，各関係者と児童生

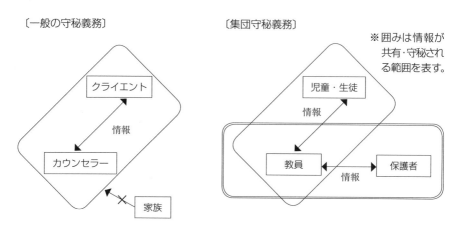

図9-6 一般の守秘義務と集団守秘義務の相違

徒との信頼関係を損なうことなく一貫した対応を行うことができる。集団守秘義務は児童生徒に嘘をつくことになると抵抗を感じる人もいるが，情報を共有して連携することが最終的に児童生徒のためになると判断される場合には，集団守秘義務を採用すべきである。ただし，たとえば保護者など，集団守秘義務の考え方になじみが薄い関係者と連携を行う場合には，情報の共有と守秘が可能かどうかについての吟味，そして十分な説明が必要である。日頃から保護者とコミュニケーションをとっておくことは，このような場合にも役立つことが多い。

7 悩む子どもとかかわるときのポイント

　悩みを抱える児童生徒は，自発的に教員に相談してくるとは限らない。教員は，つねに児童生徒の様子を観察し，援助や指導が必要な子どもがいないか目を配る必要がある。悩んでいる子どもを発見したら，面談や観察によってその悩みを理解することから始め，見立てを考えることになる。この段階で子どもとのラポール形成が重要なことは，すでに述べた通りである。見立ての結果，その子どもに必要なのが援助か指導かもしくは見守ることなのかが決まり，それに応じた対応をとることになる。実際の対応を考える際には，さまざまな心理療法の技法の知識が参考になる。教員1人では適切な対応が難しい場合は連携を求めることも重要である。責任感から担任が問題を1人で抱え込んだために解決が遅れ，かえって児童生徒のためにならなかったケースも多い。教員自身も，必要に応じて周囲に援助を求められることが大切である。

考えてみよう・話し合ってみよう ⑨

　学級担任として児童生徒の悩みや問題に関する援助を行う際には，校長や教頭，学年団や部活顧問の教員，養護教諭などに加え，学校医，スクールカウンセラー，スクールソーシャルワーカーなどの専門家とも連携が必要な場合があります。それぞれの職務内容について調べ，どのような事例においてどのような形で連携が可能なのか，考えてみよう。

第10章
保護者に適切に対応するチカラ

　子どもの成長を支えるパートナーとして学校と家庭は協力関係を築く必要があるが，近年，保護者に対してどのように対応すべきかが深刻な問題となっている。保護者と信頼関係が結べず，互いに不信感を募らせる事態は望ましくない。両者が互いに信頼し互いが担うべき責任を果たしている環境のもとでこそ，子どもは安心して学び，育つ。保護者との良好な関係を築くには何に配慮するべきか，そして実際にどのようなかかわりが必要なのかを考えていく。

> **キーワード**
> 言語的コミュニケーション，非言語的コミュニケーション，中年期，信頼関係，自己開示，構成的グループ・エンカウンター，傾聴，閉ざされた質問，開かれた質問
>
> **キーパーソン**
> ユング，エリクソン，レヴィンソン

1　コミュニケーションとは

　教員には，信頼をもとに人間関係を築き，それを調整していく能力が期待される。その対象は自分が担任する子どもや保護者だけではなく，教職員同士や地域の住民，他の専門職種の人々など多岐にわたる。そうしたさまざまな人間関係の基盤となるのは教員自身のコミュニケーション力である。

a　言語的コミュニケーションと非言語的コミュニケーション

　コミュニケーションは言語的コミュニケーションと非言語的コミュニケー

表10－1　非言語的コミュニケーションの具体例

(1)外見的特徴（体型，服装，装飾品など）
(2)ジェスチャーや動作
(3)表情
(4)視線（アイコンタクト，目の動きなど）
(5)音声，準言語（声のトーン，アクセント，話の間，流暢さなど）
(6)空間（人との距離）
(7)接触（握手する，抱擁する，なでる，叩くなど）

ションに分けられる。**言語的コミュニケーション**は，文字通りことばで伝え，伝わる部分である。一方，**非言語的コミュニケーション**は，ことば以外で伝わる内容である（表10－1）。人は非言語的コミュニケーションによる表現の中に本当のメッセージを込める。言語的なメッセージだけにとらわれず，非言語的なメッセージに対する感受性を高めることが，人間関係の形成には大切である。

b　非言語的コミュニケーションから他者を理解する

精神科医の土居健郎（1992）によれば，面談においては「話の内容を聞くだけではなく，話の形式に注意し，そこから何らかの結論を導き出すのである。たとえば，話し方，声の調子とその変化，話している際の表情と姿勢，これらから推し量られる感情ないし態度，またそのようにして知覚された感情ないし態度が話の内容と釣り合っているかどうか，などに注意する」ことが重要である。

　　教員「元気がないようだけれど，どうかしましたか」
　　生徒「だいじょうぶです」

この「だいじょうぶです」ということばを，自然な笑顔で答えた場合，視線をそらして答えた場合，沈んだ小さな声で答えた場合の3つで考えてみよう。自然な笑顔の場合は，特別な対応をせず様子を見守ってよいだろう。しかし，視線をそらしたり沈んだ声の場合は，言語的な表現と非言語的な表現の間に相違があることがわかり，とくに注意深い対応が必要になる。気づいてほし

い気持ちもある一方で，本当につらいときには「つらい」とは言えず，自分のことを話せない可能性がある。このような子どもの中には，時間が経ってから「話すことで本当につらくなってしまう気がした」「あまりにも苦しくてことばにできず，人に頼る自分がだめな人間だと認めるようで嫌だった」と話すこともある。

　非言語的コミュニケーションには，本人も自覚していない感情が表現されることもある。先の例のように，表面的な言語表現にとらわれてしまうと，本質を見誤ることになる。だからこそ，相手をよく観察し，非言語的コミュニケーションに表される真の訴えを見逃さず，丁寧に受けとる感受性が必要である。教員の中には，朝の「おはようございます」のひと言，出席をとったときの返事の声の調子で，子どもの変化に気づく人もいる。それは，日頃から子どもの様子をよく観察しているからこそ，小さな変化を見落とさずにすんでいるのであろう。保護者とは，子どもほどの頻度で会う機会は持てない。しかしながら，相手の態度，口調，表情などを丁寧に観察しながら対話をする習慣を身につけることによって，相手の訴えや心情を正しくつかむことが可能になる。

c　関係づくりに非言語的コミュニケーションを活かす

　非言語的コミュニケーションは，他者を理解するために活用できるが，同時に，教員の側から相手に自分のメッセージを効果的に伝え，相手から好ましい印象を形成することにもつながる。保護者との信頼関係を築くために有効と考えられる非言語的コミュニケーションの例を4つあげよう。

(1) 外見

　良きにつけ悪しきにつけ，人は外見から受ける第一印象で相手を判断しがちである。そもそも教員は見られる職業で，子どもからも保護者からも地域の人からも，理想的な教員であってほしいという期待感を持たれ注目を集める存在である。とくに髪型や服装などから与える印象は大きい。社会人としてふさわしい身なりであるか，清潔感があるかなどに配慮し，教員としての自覚を持つことが必要である。

(2) 姿勢

　適度な緊張感がありつつも，ゆったりとした姿勢がふさわしい。話が核心に

入るときには，姿勢はやや前傾くらいになるものであろう。節度なくリラックスしすぎた態度や緊張感に溢れた態度では，相手を不安や緊張状態にさせ，不信感につながりやすい。

(3) 視線や表情

相手に対して温かいまなざしを注げているか，視線を適度に合わせているか，穏やかな笑顔があるかが重要である。いつも視線を合わさずに顔をしかめていたり，眉間にしわを寄せているような人には，話をしようなどとは思わない。また，いくら観察が重要といっても何かを探り出そうと緊張するのは望ましくなく，話の内容で軽く視線を合わせたり外したりするとよい。

(4) 声のトーンや強弱

ことば遣いが適切であることはいうまでもない。大きな声で言えば相手に深く伝わるわけではない。最近は，大きな声は怖い，怒られていると感じて萎縮してしまう子どもも見受けられる。また，個別に面談するときには，相手よりもゆったりとしたペースで，むしろ小さめの声で話すように心がけたい。教員自身が落ち着いて話をすることで，相手の安心感につながる。

2　さまざまなタイプの保護者を理解する

児童生徒の保護者の多くは30代から50代であろう。一方，教員の年齢層は幅広い。若い教員にとって保護者との関係づくりを困難に感じる理由の1つは，保護者のほうが年齢が上で人生経験も豊富な点で，これにより気後れを感じていることも少なくないようである。保護者との距離を一歩でも縮め，より良い関係を築くために，まずは保護者の心理を考えてみたい。

a　中年期の心の発達

保護者の多くが属している年齢層は，心理学的には**中年期**，あるいは成人後期とされる。青年期の自己の確立を経て，成人期では人生の伴侶や一生の仕事を見つけ出す。そして，従来の価値観や考え方を見直し，自分の人生の目標の再評価し，設定し直すことになる。中年期の発達に関する3人の説をあげる。

(1) ユングの説

　ユングは，人間の一生を太陽の日内変化にたとえ，発達の根本的変化は人生の正午である40歳を境に起こると考えた。40歳前までは上昇すること，具体的には社会的地位あるいは家庭などを築くことが課題である。つまりこれは自己を確立していく過程である。そして40歳以降では，自己の内的欲求や本来の自分の姿を見出し，実現していくことをめざす。それは，外的世界への適応から自己の内的存在への適応へ主題が転換することを意味している。

　この中年期に始まり，ライフサイクルの後半生で進む発達過程をユングは個性化の過程あるいは自己実現の過程と呼んだ。これこそが自己への深化であり，心の全体性をめざす人生の究極の目的と考えた。つまり中年期は成人期までの生き方の変更や価値観の問い直しをせざるをえない。それは大きな転換期であり，心理的な危機状態，つまり不安定な状態に陥りやすいというとらえ方もできる。

(2) エリクソンの説

　エリクソンは，人間の発達を全生涯にわたるものとし，心理社会的な視点から8つの段階からなると考え，それぞれの段階に対概念による発達課題を提示した。このうち，青年期におけるアイデンティティの確立を経て，成人前期には同性や異性との間に親しい関係を樹立し，現実のさまざまな課題を達成する親密性が課題となる。さらにその後，成人後期の発達課題は世代性（生殖性）対停滞が課題であるとしている。ここでいう世代性とは，自分の子どもを産み育てることだけではない。仕事の技術を伝授することによって次世代を育成したり，新しい作品や思想を生み出し，あらゆることを創造し，さらに生み出したものすべてを世話し，育み，次世代に引き継ぐ能力も含んでいる。つまり世代から世代に伝えられていくものすべてを生み出すことと，世話することがこの時期の発達課題となる。世代性が達成されなかった場合，関心が自己に向かって保身ばかり考え，成長を感じられない停滞に陥るとしている。この状態になると，他者を思いやる愛他的な行動がとれるほどの余裕がなく，ひたすら自分の世界に埋没し，自己愛的になる可能性が指摘されている。

(3) レヴィンソンの説

　レヴィンソンは，ライフサイクルの中でも成人期と中年期の発達を重視した。

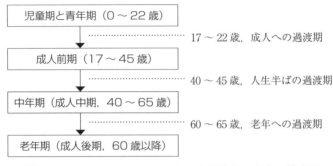

図10−1　レヴィンソンによる生活構造の変化の模式図

　成人男性を対象として面接調査を行い，生活構造という概念を用いて，発達的変化を記述している。生活構造とは，ある時期におけるその人の生活パターンあるいは生活設計のことである。各人の生活構造は比較的順序正しい段階を経て発達し，その発達は生活構造が築かれる安定期と生活構造が変わる過渡期とが交互に現れるとしている（図10−1）。

　レヴィンソンによれば，成人期から中年期は人生後半への架け橋，言い換えれば人生半ばの過渡期であり，新しい発達課題への橋渡しをする時期である。この時期に入ると，それまでの生活構造に再び疑問を抱くことになる。具体的にいえば，若さと老い，破壊と創造，男らしさと女らしさ，愛着と分離という4つの葛藤が激しくなり，それまでの人生目標の改変を迫られるような危機的様相を示す。このような対立関係を見直し，折り合いをつけながら自分の中で位置づけていかなければならなくなるのである。

b　現代の保護者の実際

　中年期は生活の変換を迫られる人生の大きな転換点になる。それまでの人生を振り返り，人生の目標やライフスタイルを見直すことが求められる。しかし，家庭人としても社会人としても，大きな責任を負う立場となっているため，自分の願望や欲求のみを追求することは許されず，他者に配慮し，責任ある行動をすることを求められる。そして自分自身の加齢の問題にも直面せざるをえなくなる。体力，視力，聴力などの衰え，記憶力の衰退や気力の減退なども自覚

することとなり，人生の後半であることを意識しないわけにはいかない。

(1) 家庭人としての保護者

家庭人としては，思春期の子を持つ親としての役割を担うこととなる。子どもは思春期・青年期に達すると，それまでのように親の言うことをそのまま素直に受け入れることはなくなり，親の価値観とは異なる自分自身の価値観を形づくろうとしていく。その過程において，自分の思い描く理想的な親とは違う現実の両親に対して批判的になったり，親の発言や行動の矛盾する点を見つけて非難したりすることもある。子ども自身が自己をつくり上げていくためには，親が子どもからの批判や攻撃に耐え，どっしりと構えて受けとめていく姿勢が求められるが，現実には大変な困難さを感じる場合も多い。

(2) 介護する側としての保護者

同じ時期，自分たちの親の老いや死の問題に直面する。老年期に入った親との関係は，経済面，体力面などさまざまな面で逆転する体験をし，親子関係の再構築を迫られる。その過程において，自分自身の人生にも限界があることを実感し，残りの人生をいかに生きるか，どのように死を迎えるかも意識せざるをえない。老親の介護・看護の問題は，現代の日本の家族関係を考えるうえでは無視できず，核家族が定着した今日，親を介護するため生活様式の変更を迫られる家庭も多い。それまでの生活様式を変えることは，老親にとっても，家族にとっても，大きなストレス状況となる。

(3) 配偶者との関係

こうした変化にともない，配偶者との関係性の変化も迫られる。育児に追われていた時期には，夫婦としての関係よりも，子どもの父親・母親としての役割が大きく，育児が最大の関心事で共通の話題になりやすい。しかし子どもが思春期になると，親としての役割だけではなく，1人のおとなとしてのありようを問い直されることともなる。また互いの親の介護・看護の役割を担う過程で，感情の行き違いが生じる場合もある。

(4) 社会的役割を果たす保護者

職業的な面でも責任や負担が増加する。責任ある立場になり，後進の指導も重要な役割となってくる。自分がただ精一杯働けばいいのではなく，部下の意欲を引き出し，能力を向上できるように援助していくことが求められるように

なる。時には部下の失敗も自身の責任の範囲で引き受けなければならない。これは，エリクソンのいう世代性の発達課題にあてはまるが，大きなストレスとなる場合もある。そうした職業生活と，育児や介護，看護との両立で悩むことも多い。失業への不安を抱える人，不慣れな仕事に配置転換されて適応できない人もいる。職業生活だけではない。地域コミュニティでもさまざまな活動の場で中心的な役割を担うことが期待される世代である。中年期では家庭だけではなく，職業生活，地域社会においても世話をする機能が求められる年代なのである。

(5) 中年期にある保護者

中年期は，人生の中でも充実した時期であると同時に大きなストレスも抱えやすくなる。ストレス状況にさらされ続けると，心身の調子を崩してしまうことも起こりうる。アルコールや薬物，ギャンブルなどへの依存の問題，うつ病などの精神疾患につながることもある。厚生労働省の患者調査によれば，うつ病が大半を占める気分障がいの患者数を年齢別で見ると，男性も女性も40歳代がもっとも多くなっている（図10－2）。

教員は保護者の個人的な相談にのる立場ではないが，相手の思いをくみながら接していかなければ保護者を理解することはできない。保護者は，子どもの父親や母親であると同時に，職業人や社会人，息子や娘など多様な役割の中で生きている。それぞれの役割で，どのように生きているのか，生きてきたか。

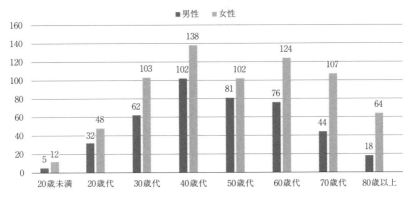

図10－2　気分障がい患者数（単位千人，2014年厚生労働省患者調査より作成）

相手の立場に対する想像力を働かせ，どのような思いで子どもと接しているのか，祖父母や地域とのかかわりは深いかなど，さまざまな側面から親子の姿を理解するように心がけたい。

教員が支えるのは保護者の父親や母親としての役割であるが，他の役割や家庭をとりまく環境に対する理解を示したうえで対応したい。個人情報の保護が叫ばれ家庭の情報を得にくい状況ではあるが，保護者との雑談の中からさまざまな情報を得られるものである。日常から，気軽に雑談ができる関係づくりが大切である。

3 信頼関係を築くために

保護者との**信頼関係**を築くために何ができるか。毎日送迎が必要な幼稚園や保育園とは異なり，小中高等学校の教職員は，保護者と直接相対する機会は限られる。保護者と話し合う限られた機会を有意義な時間にするための工夫について考える。

a 日常のかかわりの中で信頼関係を結ぶ

そもそも人と人とのコミュニケーションは，顔を合わせて直接話すことが基本であるが，教育の現場ではその時間を充分に確保することは難しい。したがって，保護者は，子どもが語る先生の姿から教員のイメージを形成する。子どもが家庭で話すのは子どもからみた教員像であり，一面的で本来の姿と異なっていることもある。しかし，保護者に信頼されるためには，まずは子どもとの信頼関係をつくることが前提である。

(1) 自己開示のすすめ

子どもの目を通した姿でなく，保護者に教員自身の真の姿を理解してもらうには，年度はじめの配布物や保護者会を利用して，まずは教員が負担にならない程度に**自己開示**するとよい。自己開示とは，自分自身の情報について伝達することである。開示者の自己開示と同じ内面性，深さの話題を受け手から返されることは，自己開示の返報性として知られている。内面性の高い話を，相手と共有することは，親近感や好意を生み出すことにつながる。自己開示のあま

りない人間関係はよそよそしい雰囲気になり，ますます自己開示しにくくなるという悪循環が引き起こされる。教員自身の積極的な自己開示は保護者に親近感を与え，話し合いがスムーズに展開しやすくなるといえる。自己開示の内容としては，学校や学級に関すること，自分自身のこと（出身，家族構成，趣味など），自分が力を入れていること（教育問題で関心を持っていること，学級経営で力を注ぎたいことなど）などがある。

(2) 配布物の工夫

頻繁に会えない保護者と関係を築くには，配布物や連絡帳などでのやりとりを地道に続けていくことが必要になる。とくに学級通信や学年通信を頻繁に出して学校での子どもの姿を伝え，教員が子どもの教育や成長にどのような考えを持ち何を願っているか，保護者に対してどのような願いがあるかといった基本的な姿勢が伝わる。ただし，一方的な報告や指摘，お願いだけですますのではなく，「ご意見や感想をお待ちしております」という形で保護者の声を組みとるように働きかけ，双方向のコミュニケーションの場になるとよい。仕事や家庭の事情で保護者会に出席できない保護者でも，このような形の交流なら可能という場合もある。情報を共有し意見を交換することで，教員と保護者との関係づくりに役立てることができる。また，了解を得たうえで他の保護者にも情報や意見を提示することによって，保護者がさまざまな意見があることを知り，子どもをとりまく現状を理解する一助になることも期待できる。

b 保護者会の工夫

保護者会は，教員と保護者がお互いを理解し，関係を深める機会になる。教員が一方的に自分の考えを示し，事務連絡だけで終わってしまったり，特定の保護者だけが話す時間になっていたりすると，多くの保護者にとっては気詰まりだけの時間になってしまう。出席した保護者はそれぞれに都合を調整して来校しており，「来てよかった」と思って帰路につけるような工夫が欲しい。また，保護者は何よりも学校での子どもの姿を知りたいと願ってやってくる。そこで，たとえば保護者会など複数の保護者が集まるときには，さまざまな教科の学習の成果を掲示し，学校行事などの子どもの姿を伝えるためにデジタルカメラやビデオでの記録を上演するなどが役立つであろう。

保護者会は，教員と保護者だけでなく，保護者同士の関係をつくる時間になるようにもしたい。保護者が互いに知り合うことは，地域社会で子どもを育てるという意味でもとても重要なことである。名札は必ず用意して，保護者会を機に互いの名前を知ってもらうようにするとよい。

構成的グループ・エンカウンターも参考になる。構成的グループ・エンカウンターとは「リーダーが用意したプログラムによって作業・ゲーム・討議をしながら，心のふれあいを求めていく方法」（國分，1992）である。その哲学を活かしながら，学校場面などで短時間に実施できるようなエクササイズも開発されている（國分，1999；高橋・八巻，2003など）。リレーションづくりを目的にしたもの，自己洞察を深めるものなど，保護者が楽しめ心理的に負担にならないエクササイズを選び，保護者会の中で実施することも可能である。

また，同じ年齢の子どもを持つ親同士の集まりであるという特徴を活かし，セルフヘルプ・グループの考えを利用して場面設定することもできる。これは，同じ内面的課題を抱える人同士が集まり，ミーティング形式での活動を通して参加者各自が成長をめざすものである。乳幼児期には保護者が幼稚園や保育園の行事などに参加することが多く，送迎の時間に保護者同士が顔を合わせて悩みを共有する機会はつくりやすい。しかし小学校以降そうした機会は激減してしまう。現代では核家族化が進み，きょうだいの数も減っているため，親は不安を1人で抱えてしまいやすい。教育や子育てに関する親の不安を軽減するためには，教員やカウンセラーと話すよりも親同士の情報交換や体験談を分かち合うことのほうが効果的な場合もある。保護者会の席で保護者が共通に感じている不安や迷いを開示し，それをテーマに話し合う場面を設定すると，「うちの子だけではないのだとわかって安心した」「具体的な対応策が聞けてよかった」という思いを抱ける。このときの教員の態度としては，特定の保護者だけが話し続けてしまったり，他の保護者の発言を否定したり責めたりしないように配慮することが望ましい。また，保護者とはひと味違う教員としての意見を伝えることは意義深く，保護者からの信頼感を得ることにもつながる。

c 個人面談での工夫

(1) 面談の部屋

　個人面談などで保護者や子どもと個別に話す場面がある。個人面談では，通常の教室の一角を使用する場合も多いと思われるが，そのときにも以下の点を考慮し，保護者にとって相談しやすい環境を整える努力をしたい。

　相談を受ける面談室のセッティングとして，東山紘久（2000）や吉田圭吾（2007）は以下の点をあげている。部屋は広すぎもせず狭すぎもしない，外の人通りを気にせずにすむような静かな場所にあること，リラックスできるような気配りをすること，部屋の外側には＜使用中＞などと示して，人が急に入ってきて相談が中断しないようにすることなどである。

(2) 着席の方法

　ソマー（Sommer, 1969）の実験によれば，2人の人間が座席を選択する場合，相互作用を望むときにはテーブルの角をはさんだ席や向かい合った席が好まれるが，コミュニケーションを避けたいときにはできるだけ遠くの席に座ろうとする傾向がある。また土居（1992）は面談の場面づくりについて「あまりに接近して，しかも向かい合って坐(すわ)ることは原則として望ましくない。これでは互いに息詰るような思いがする。またこのような対座は得てして訊問(じんもん)調の雰囲気に導きやすい。面談者も被面談者もゆとりを持って相対しておられるよう両者の間に適当な距離を保つことが必要なのである。このためには通常両者が机をはさんで斜めに位置することがよいようである」としている。

(3) 座席配置の工夫

　神田橋條治（1995）は，精神科の面談場面で患者（被面談者）をサポートする調度，たとえば机や椅子の選び方，その配置，対面の角度や障壁および視線をそらすための窓や物品の配置について詳細に記している。これをふまえると，面談での座席位置には以下の4通りがある（図10-3）。

　①の対面は，交渉事や対決の場面にふさわしいといわれる。教員にきちんと向き合ってもらいたいと望んでいる場合には適した形となるが，やはり緊張感が高くなる可能性がある。そこで，実際の人数よりも大きめの机，教室の机であれば4つ程度を用意し，心理的に適度な隔たりを持たせる役割として使うとよいだろう。手荷物を置くにも余分にあるとよい。

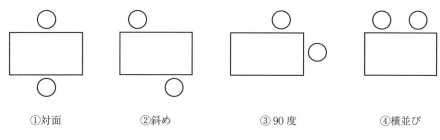

①対面　　②斜め　　③90度　　④横並び

図10−3　二者関係における座席の位置

　斜めに座る②は，強くメッセージを伝えたい時や相手の反応を確認したいときにはしっかりと向き合え，逆に緊張感が高まってきたら視線を外すなどの加減がしやすい。このため教員も保護者も緊張感を和らげることができ，会話が続きやすい。ソファセットがない面談室でも，大きめの机を間に被面談者の真正面からややずらして座るなど，活用しやすい方法である。

　90度の関係で座る③も，カウンセリングでよく使われる。真正面に向き合う①よりも緊張が和らぐからである。被面談者は，相手の表情を意識しすぎず，自分の心情に集中しやすい。面談者からは相手を比較的観察しやすい位置関係になり，いつでも被面談者にまなざしを注ぎ，非言語的コミュニケーションによる表現を観察できるという利点がある。

　④の横並びでは，互いに視線を合わせたり表情を観察することが困難になるため面談には不向きである。同じ視線の先にあるものを眺めたり作業しながらの会話であれば緊張がほぐれやすく，相手の緊張感が強い場合には関係づくりの糸口として活用できる。ただし，二者の距離は慎重に調節する必要がある。距離が近くなりすぎると，さらに緊張感が高くなり，逆効果になってしまう。

　このように基本的には②や③が用いられるが，いずれの場合でも重要になるのは目線の高さである。椅子の高さが変えられれば，互いの目線の高さを同じにするか，教員のほうが低くなるように設定する。教員が子どもや保護者よりも高い目線では，指導や叱責に近いコミュニケーションになりやすいからである。

(4) 面談の時間設定

　面談時間は原則として1時間以内で打ち切る。1時間以上になる場合には日

を改めて設定するほうが好ましいが，面談を1回ですませようと焦る必要はない。保護者の話を単にことばだけで理解するのでなく，表現されていない感情や考えまでも理解しようと努める。そのためには全身の注意を集中して相手の話を聞くことになるが，1時間以上**傾聴**することは容易ではない。前後に予定が入っていたりすれば集中はさらに難しくなるので，保護者と面談の約束をするときには余裕を持って時間を設定することが基本である。

(5) 面談をするときの姿勢

面談をするときには，言語的にも非言語的にも温かさや誠実さが伝わるようにする。教員から子どもの状況や課題を一方的に伝えるのではなく，保護者の考えや意向を聞く姿勢を相手に見せることが重要である。そのためには，「学習についてご心配はありますか」「友だち関係で気になることはありますか」などと限定的に質問する**閉ざされた質問**よりも，「最近の家での様子をお聞かせください」「気になることはありますか」など，保護者が気持ちや考えを自分のペースで表現できるような質問の仕方，言い換えれば**開かれた質問**になるよう工夫する。教員が面談の主導権を握るのではなく，話し手である保護者が話しやすいペースをつくることに努める。また，教員はつい話し手になりがちである。しかし個人面談では双方向のコミュニケーションをつくることが重要で，話し手よりも良い聴き手となるような聴き方，要するにカウンセリングの基本的な話の聴き方の技法を取り入れることが必要であろう。

4 保護者への対応

a 保護者からの訴えに応えるとき

学校には保護者からさまざまな意見や要望が寄せられ，学校だけでは解決困難なケースが増え（表10-2），モンスターペアレンツやクレーマーと呼ばれるような自分の理不尽な要求だけを繰り返す保護者が増加していることが教育現場の問題になっている。小野田正利（2009）は「学校がやるべきことに対するまっとうな要求が『要望』で，学校がある程度は対応すべき要求が『苦情』，そして学校にもどうにもできない要求が『イチャモン』」であると述べている。確かに，学校に無理難題を要求する利己的で非常識な保護者が増加していると

表10－2 平成19年度に東京都公立学校において発生した学校だけでは解決困難なケースの発生校数と発生件数（東京都教育庁指導部, 2009）

校種	幼稚園	小学校	中学校	高等学校	特別支援学校	総計
学校数	215園	1316校	633校	201校	53校	2418校／園
発生校数	7園 (約3％)	113校 (約9％)	55校 (約9％)	41校 (約20％)	18校 (約34％)	234校／園 (約9％)
発生件数	8件	126件	66件	70件	56件	326件

いう指摘は多いが，保護者はクレームをつけてくるだけの厄介な存在ではなく子どもを協働して育てるパートナーである。保護者からのすべての働きかけに対して身構えて閉鎖的になり，正当な要望にも耳を傾けないようでは，健全な教育環境とはいえない。そうならないために，次の4点に留意してほしい。

(1) 話を聴く

まずは反論せずに保護者の話をしっかりと聴き，丁寧に対応することがもっとも重要なポイントになる。「まともに話を聞いてもらえなかった」「ろくに聞きもしないうちから，『その件は〇〇先生に』とたらい回しにされた」といった対応では，保護者の不信感が増すばかりである。可能な限りその場で対応することが望ましいが，そのときに時間がとれないのであれば，早いタイミングで日時と場所を設定して聞く機会を設ける。誠実に迅速に対応することが肝要である。上司や同僚にも相談し，場合によっては複数の教職員で対応するようにするとよい。

(2) 感情を受けとめる

話を聞く際には，保護者が何を要求しているのかを聞き取るだけではなく，何に怒り何に不満を持っているのかという気持ちを聞いて受けとめることが必要である。相手が感情的になっているときには，巻き込まれずに冷静に聞くことは難しい。学校に対する批判的な発言があった場合でも，最初から学校や同僚の立場を守ろうとしないほうがいい。逆に，同僚批判もしないほうがよい。すぐに言い訳をしたり，なだめたりしたくなるものであるが，まずは気持ちを十分に発散してもらう。保護者は，なぜ極端な要求をしてくるのか，激しい怒りや攻撃性の背後にあるものは何かを推し量りながら聞きたい。

(3) 問題点を整理し解決策を探る

　感情を受けとめながら聞いていくうちに，保護者も落ち着き，問題点をともに整理できるようになるとよい。客観的な事実と保護者が感じている主観的な事実が一致しない，あるいはうわさ話を事実と思い込んでいる可能性もある。保護者の求めていることは正当な要求なのか，不当あるいは無理な要求なのかを聞き取っていく。学校としてできること，できないことを整理しながら，子どもの成長のために家庭と学校が，互いにこれから何ができるかを一緒に考えていくという姿勢を強調する。すでに起こってしまったことにとらわれるのではなく，未来志向的に，そして現時点で何ができるか，具体的な解決の方向を探るような話し合いを持つようにしよう。

(4) 対策を考える

　理不尽な要求を繰り返す保護者に対しては，学校だけでは解決できなくなることも起こりうる。教育委員会とも連携しながら，日頃から対策を考えておく必要がある。自治体によっては，弁護士や精神科医，臨床心理士，ソーシャルワーカーなどの専門家が，円満な解決が図れるように教職員を支援する仕組みをつくっていたり，保護者対応のポイントをまとめたマニュアルを配布しているところもある。教職員にとって，相談相手になるような専門家の存在は確かに安心ではある。しかし，保護者への対応の最前線に立つのは教員であり，学校である。保護者にはどのような事情があるかを保護者と会話しながら察し，ともに協働する関係をつくるような対応が教職員にできるかどうかが重要である。日常のやりとりの中で十分な信頼関係が築けていれば，たとえ1つの家庭と問題が生じても，まわりの家庭や地域からの支援が得られ，問題の解決に結びつくことも考えられる。このような留意点をふまえて東京都教育委員会がまとめた保護者と接するときの心得が表10-3である。

b　気になる子どもの保護者と面談をするとき

(1) 保護者からの申し出による面談

　保護者からの申し出によって個別面談を設定することがある。このようなとき，具体的な助言や指導を求めている場合もあれば，共感的に話を聞いてほしい，ともに考えてほしいという欲求による場合もある。教員の行う面談におい

表10-3 保護者と接する心得10か条（東京都教育委員会，2010）

①相手をねぎらう。
②心理的事実には心から謝罪する。
③話し合いの条件を確認する。
④相手の立場に立ってよく聴く。
⑤話が行き詰まったら，状況を変える。
⑥言い逃れをしない。
⑦怒りのエネルギーの源はどこから来るのか考える。
⑧対応をつねに見直し，同じ失敗を繰り返さない。
⑨できることとできないことを明確にする。
⑩向き合う気持ち，ともに育てる視点を持つ。

ては，つい問題の解決を急ぎ，助言一辺倒になりがちである。しかし助言する場合でも，前提は十分に共感することである。まずは共感的に話を聞き，保護者がどのような対応を求めているかを判断する必要がある。

(2) 教員からの申し出による面談

教員から連絡をして，保護者に来校してもらい面談を行うこともある。そのような場合，親は大きな不安を抱え，緊張して来校することになる。親の心情を思いやり，出迎える配慮を心がけたい。保護者に対するねぎらいの気持ちをつねに持つことである。たとえば，「お忙しいところお越しいただきありがとうございます」「突然お呼び立てしまして驚かれたのではないですか」など，保護者の気持ちを察しつつ，緊張を和らげられるような声をかけるとよい。言語的にだけではなく非言語的にもねぎらいのメッセージを伝える，約束の時間には確実に保護者を出迎えられるように場所を整えておく，同僚や上司にも協力を仰ぐなど，あわただしく出迎え本題に入るのではなく，落ち着いて話ができるような心配りが必要である。

(3) 保護者の気持ちに配慮する

村瀬嘉代子（2009）は，親に対する初回の面談時に念頭に置くべきこととして，親の複雑な気持ちを思いやることをあげている。子どもの問題については，親自身も気になりながらも指摘されてしまい「やっぱりそうか」という気持ちがあるかもしれないし，突然の連絡に驚き「まさかうちの子が……」「こ

うなってしまったのは自分の責任なのではないか、そう責められるのではないか」と不安な思いを抱えていたり、今までの自分のあり方や子育てを否定されるかのような、ある種の挫折感を感じているかもしれない。たとえ問題の原因が保護者の育て方にあるように感じても、安易にそれを口にしたり保護者を責めたりせず、まずは保護者なりの価値観を受けとめることから始める。もし自分がこの人の立場だったらどう感じるであろうという想像力を働かせながら対応する。信頼関係が築けていないうちに、保護者と違う考えを伝えようとしても難しいし、心を閉ざされてしまう。子どもの課題や改善すべき点を伝えるときには、「厳しいことを申し上げますが」「お父さん、お母さんとしてはつらいかもしれませんが、担任としてこれは言わせていただきますね」など、ひと言前置きを添えつつも、毅然とした態度で伝える。

(4) 家庭を支える

　不登校が長引いている子ども、いじめを受けて傷ついている子ども、何らかの障害が疑われ日常生活に支障を来している子どもなど、中には難しい対応を迫られるケースもある。子どもの問題は、保護者やきょうだいの生活にも多大な影響をおよぼす。家族全体が疲れ切り、家族関係が不安定になることもある。教員が援助できるのは在校期間に限られるのが普通であり、現実には教員が直接かかわっている間に解決できない問題も多い。しかし、家族はそれまでも必死で対応してきたであろうし、その後の互いの長い人生もかかわり続けるのである。解決を焦らず、子どもの成長をともに喜び、見守ろうとする姿勢が重要だろう。場合によっては学内での援助だけではなく、学外の専門機関を紹介して協力を仰ぐこともある。その場合でも、保護者が学校に見捨てられた、さじを投げられたという思いにならないような配慮が欠かせない。教員の援助のあり方の基本は、子どものために保護者と協働すること、そして教員あるいは学校は家庭を支える存在なのだという姿勢を伝え続けることである。さまざまな困難な問題に取り組み続けている家庭に対して、謙虚に、そして真摯に向き合い、良き支え手となりたい。

5　保護者に適切に対応するためのポイント

　保護者への対応で基盤となるのは，子どもや保護者との信頼関係である。そして信頼関係は，地道な取り組みや日常のやりとりの積み重ねからしか深めることはできない。教えることが仕事という教員の役割をいったん脇に置き，子どもや保護者にしっかりと向き合う必要がある。相手の立場を思いながら，話を聴くことができているだろうか。ことばにならない感情にも寄り添えているだろうか。私たちは，日頃から自分のコミュニケーションのあり方を振り返り，質を高めていく努力を怠ってはならない。

> **考えてみよう・話し合ってみよう ⑩**
>
> 　保護者との信頼関係を築くために，保護者懇談会はたいせつな機会です。保護者が「参加してよかった」と感じられるような懇談会にするためには，どのような工夫が必要でしょうか。なるべく具体的に考えてみましょう。

引用・参考文献

第 1 章

Ainsworth, M., Blehar, M., Waters, E., & Wall, S. 1978 *"Patterns of attachment: A psychological study of the strange situation."* Lawrence Erlbaum.

Baltes, P.B. 1987 Theoretical propositions of life-span developmental psychology: On the dynamics between growth and decline. *Developmental Psychology*, 23, 611-626.

Brazelton, T.B. 1969 *"Infant and mother: Differences in development."* Delacorte Press.［平井信義（監訳）1983 『赤ちゃんの個性と育児』 医歯薬出版］

古川聡・一谷幸男・三浦直良・古川真弓 1988 「幼児における刺激図形の分類作業が自由再生および手がかり再生に及ぼす効果」 教育心理学研究, 36, 10-18.

Hess, E.H. 1958 "Imprinting" in animals. *Scientific American*, 198, 81-90.

正高信男 1995 「マザリーズ」 岡本夏木・清水御代明・村井潤一（監修）『発達心理学辞典』 ミネルヴァ書房, p.638.

宮城音弥 1960 『性格』 岩波書店

村石昭三・天野清 1972 『幼児の読み書き能力』 東京書籍

Prior, V. & Glaser, D. 2006 *"Understanding attachment and attachment disorders: Theory, evidence, and practice."* The Royal College of Psychiatrists.［加藤和生（監訳）2008 『愛着と愛着障害――理論と証拠にもとづいた理解・臨床・介入のためのガイドブック』 北大路書房］

Scammon, R.E. 1930 The Measurement of the Body in Children. In Harris, J.A., Jackson, C.M., Paterson, D.G., & Scammon, R.E. *"The Measurement of Man."*

園原太郎・宇地井美智子 1957 「概念の発達――絵単語分類による児童の概念化の実験的研究」 心理学評論, 1, 209-224.

Wyshak, G. & Frisch, R.E. 1982 Evidence for a secular trend in age of menarche. *New England Journal of Medicine*, 306, 1033-1035.

山内光哉（編） 1989 『発達心理学（上）』 ナカニシヤ出版

第 2 章

福田由紀・古川聡 2007 「人生満足度曲線の妥当性に関する検討――ライフラインの観点からの分析」 法政大学文学部紀要, 54, 95-106.

古川聡（編） 1998 『ふれあいの心理学――医療と看護の人間関係』 福村出版

Havighurst, R.J. 1943 *"Human development and education."* Longmans.［荘司雅子（訳）1958 『人間の発達課題と教育』 牧書店］

加藤隆勝・高木秀明（編） 1997 『青年心理学概論』 誠信書房

鯨岡峻・鯨岡和子 2001 『保育を支える発達心理学』 ミネルヴァ書房

Marcia, J.E. 1966 Development and validation of ego-identity status. *Journal of Personality and Social Psychology*, 3, 551-558.

山内光哉（編） 1989 『発達心理学（上）』 ナカニシヤ出版

第 3 章

American Psychiatric Association 2013 *"Diagnostic and statistical manual of mental disorders, the 5th edition: DSM-5."* Washington, DC: American Psychiatric Publishing.

［日本精神神経学会（監修）・髙橋三郎・大野裕・染矢俊幸・神庭重信・尾崎紀夫・三村將・村井俊哉訳　2014　『DSM-5：精神疾患の診断・統計マニュアル』　医学書院］

Barkley, R.A.　1995　"Taking charge of ADHD: The complete, authoritative guide for parents."　Guilford Press.［海輪由香子（訳）・山田寛（監）　2000　『AD/HDのすべて』VOICE］

Barkley, R.A.　1997　Behavioral inhibition, sustained attention, and executive functions: Constructing a unifying theory of AD/HD.　*Psychological Bulletin*, **121**, 65-94.

Baron-Cohen, A., Leslie, A.M., & Frith, U.　1985　Does the autistic child have a "Theory of mind"?　*Cognition*, **21**, 37-46.

近藤文里　2000　「注意欠陥多動性障害AD/HDについて」　心理学ワールド，**10**, 13-16.

文部科学省　1999　『学習障害児に対する指導について（報告）』

文部科学省　2012　『通常の学級に在籍する発達障害の可能性のある特別な教育的支援を必要とする児童生徒に関する調査結果について』

ニキ・リンコ＆藤家寛子　2004　『自閉っ子，こういう風にできてます！』　花風社

齋藤万比古（編著）　2009　『発達障害が引き起こす二次障害へのケアとサポート』　学研

品川裕香　2003　『怠けてなんかいない！ディスレクシア──読む・書く・記憶するのが困難なLDの子どもたち』　岩崎書店

杉山登志郎　2007　『発達障害の子どもたち』　講談社現代新書

髙橋脩　2004　「アスペルガー症候群・高機能自閉症──思春期以降における問題行動と対応」　精神科治療学，**19**, 1077-1083.

高山佳子　1998　『LD児の認知発達と教育──つまずきの理解から指導・援助の手だてへ』　川島書店

鳥居深雪　2009　『脳からわかる発達障害──子どもたちの「生きづらさ」を理解するために』　中央法規出版

第4章

蘭千壽　1993　「発達段階別学級づくりの第一歩──教師も子どもも成長する学級づくりを」　児童心理，**47**, 12-19.

蘭千壽・武市進・小出俊雄　1996　「教師の学級づくり」　蘭千壽・古城和敬（編）『教師と教育集団の心理』　誠信書房

学級経営研究会　2000　「学級経営をめぐる問題の現状とその対応──関係者間の信頼と連携による魅力ある学級づくり」　文部省委託研究（平成10・11年度）『学級経営の充実に関する調査研究（最終報告書）』

秦政春　1991　「教師のストレス──『教育ストレス』に関する調査研究(1)」　福岡教育大学紀要，**40**, 79-146.

保坂亨　1996　「子どもの仲間関係が育む親密さ──仲間関係における親密さといじめ」　現代のエスプリ，**353**, 43-51.

保坂亨・岡村達也　1986　「キャンパス・エンカウンター・グループの発達的・治療的意義の検討──ある事例を通して」　心理臨床学研究，**4**, 15-26.

石隈利紀　1999　『学校心理学』　誠信書房

狩野素朗・田崎敏昭　1990　『学級集団理解の社会心理学』　ナカニシヤ出版

國分康孝・片野智治・小山望・岡田弘（編著）　1998　『サイコエジュケーション──「心の教育」その方法』　図書文化社

松井豊　1990　「友人関係の機能」　斎藤耕二・菊池章夫（編著）『社会化の心理学ハンドブック──人間形成と社会と文化』　川島書店

三隅二不二　1984　『リーダーシップ行動の科学―改訂版―』　有斐閣
三隅二不二・吉崎静夫・篠原しのぶ　1977　「教師のリーダーシップ行動測定尺度の作成とその妥当性の研究」　教育心理学研究, 25, 157-166.
中井大介・庄司一子　2006　「中学生の教師に対する信頼感とその規定要因」　教育心理学研究, 54, 453-463.
中井大介・庄司一子　2008　「中学生の教師に対する信頼感と学校適応感との関連」　発達心理学研究, 19, 57-68.
島久洋　1986　「仲間とともに――学級集団」　杉原一昭・海保博之（編著）『事例で学ぶ教育心理学』　福村出版
園原太郎・広田君美　1953　「学級社会の成立」　波多野完治（編）教育心理学講座3『学級の心理』　金子書房
田崎敏昭　1979　「児童・生徒による教師の勢力源泉の認知」　実験社会心理学研究, 18, 129-138.
吉田道雄　2001　『人間理解のグループ・ダイナミックス』　ナカニシヤ出版
油布佐和子　1988　「教員文化に関する実証的研究」　久冨善之（編著）『教員文化の社会学的研究』　多賀出版

第5章

新井紀子　2018　『AI vs. 教科書が読めない子どもたち』　東洋経済新報社
Bandura, A. 1965 Influence of models' reinforcement contingencies on the acquisition of imitative response. *Journal of Personality and Social Psychology*, 1, 589-595.
Brown, P., Rodieger, H., & McDaniel, M. 2014 "make it stick - The Science of Successful Learning." Massachusetts: Belknap Press.［依田卓巳（訳）2017『使える脳の鍛え方――成功する学習の科学』NTT出版］
Buddeley, A.D. 2000 The episodic buffer: A new component of working memory? *Trends in Cognitive Sciences*, 4, 417-423.
Gardner, H. 1999 "Intelligence reframed: Multiple intelligence for the 21st century." New York: Basic books.［松村暢隆（訳）2001『MI：個性を生かす多重知能の理論』新曜社］
Squire, L.R. 2007 Memory systems: A biological concept. In R. Roediger, Y. Dudai, & S. Fitzpatrick (Eds.) "*Science of Memory: Concepts*," Oxford University Press, pp.339-343.
Sternberg, R.J., Forsythe, G.B., Hedlund, J., Horvath, J.A., Wagner, R.K., Williams, W.E., Snook, S.A., & Grigorenko, E.L. 2000 "Practical Intelligence in everyday life." New York: Cambridge University Press.
Tolman, E.C. & Honzik, C.H. 1930 Introduction and removal of reward, and maze performance in rats. *University of California Publications in Psychology*, 4, 257-275.

第6章

Atkinson, W. 1964 "*An introduction to motivation.*" Princeton, NJ. D. Van. Nostrad.
ベネッセ教育総合研究所　2014　小中学生の学びに関する実態調査　速報版　[2014]
https://berd.benesse.jp/shotouchutou/research/detail1.php?id=4340
Berlyne, D.E. 1957 Conflict and information-theory variables as determinants of human perceptual curiosity. *Journal of Experimental psychology*, 53, 399-404.
Deci, E.L. & Ryan, A.C. 2002 "Handbook of Self-determination research: Theoretical and

applied issues." New York: University of Rochester Press.
Dweck, C.S. 1975 The role of expectations and attributions in the alleviations of learned helplessness. *Journal of personality and social psychology*, 31,674-685.
Dweck, C.S. 1986 Motivational processes affecting learning. *American psychologist*, 41, 1040-1048.
Harlow, H.F., Harlow, M.K. & Meyer, D.R. 1950 Learning motivated by a manipulation drive. *Journal of Experimental psychology*, 40, 228-234.
Lepper, M.R., Green, D., & Nisbett, R.E. 1973 Undermining children's intrinsic with extrinsic rewards: A test of the overjustification hypothesis. *Journal of Personality and Social Psychology*, 28, 129-137.
Lepper, M.R. & Hodell, M. 1989 Intrinsic motivation in the classroom. In R. Ames, & C. Ames (Eds), "*Research on motivation in education*," Vol.3. Academic Press.
Maslow, A. H. 1968 "*Toward a psychology of being*" (2nd ed.). Princeton, NJ: D. Van Nostrand.
Ryan, R.M., Connel, J.P., & Deci, E.L. 1985 A motivational analysis of self-determination and education. In C. Ames (Eds.) "*Research on motivation in education: The classroom milieu.*" Vol.2, pp.13-51 New York : Academic Press.
Seligman, M.E.P. & Maier, S.F. 1967 Failure to escape traumatic shock. *Journal of Experimental Psychology*, 74, 1-9.
Weiner, B. 1970 An attributional analysis of achievement motivation. *Journal of Personality and Social Psychology*, 15, 1-20.
Weiner, B. 1972 "*Theories of motivation: From mechanism to cognition.*" Chicago: Markham.
Weiner, B. 1985 An attributional theory of achievement motivation and emotion. *Psychological Review*, 92, 548-573.

第7章

Bloom, B.S. 1971 "*Handbook on rarmative and summative evaluation of student learning.*" McGraw-Hill.
藤本和久　2005　「客観テスト」　田中耕治（編）『よくわかる教育評価』　ミネルヴァ書房，pp.78-81.
松下佳代　2007　『パフォーマンス評価』（日本標準ブックレット No.7）　日本標準

第8章

Harlow, H.F. 1958 The Nature of Love. *American Psychologist*, 13, 673-685.
林勝造・一谷彊・泰一士・西尾博・西川満・中澤正男・笹川宏樹・津田浩一　2006　（改訂）PFスタディ日本版　児童用
クレッチマー，E.　相場均（訳）1969　『体格と性格』　文光堂
マレー，H.A.　外林大作（訳）1961　『パーソナリティ』Ⅰ・Ⅱ　誠信書房
日本精神神経学会（監修）　2014　『DSM-5 精神疾患の分類と診断の手引』　医学書院
ロジャーズ，C.R.　伊東博（編訳）1967　『パーソナリティ理論』（ロジャーズ全集第8巻）　岩崎学術出版社
山中康祐　1989　「ユングの類型論」　本明寛（編）『性格の理論』（性格心理学新講座1）金子書房，pp.92-106.

第9章

エリス，A. & ハーパー，R.A.　國分康孝・伊藤順康（訳）　1981　『論理療法』　川島書店
石隈利紀　1999　『学校心理学』　誠信書房
アイビィ，A.E.　福原真知子・椙山喜代子・國分久子・楡木満生（訳編）　1985　『マイクロカウンセリング』　川島書店
國分康孝・國分久子（総編）　2004　『構成的グループ・エンカウンター事典』　図書文化社
ロジャーズ，C.R.　保坂亨・諸富祥彦・末武康弘（訳）　2005　『クライアント中心療法』岩崎学術出版社
シーガル，Z.V.，ウィリアムズ，J.M.G., & ティーズデール，J.D.　越川房子（監訳）　2007　『マインドフルネス認知療法』　北大路書房
下山晴彦・神村栄一（編著）　2014　『認知行動療法』　放送大学教育振興会
滝口俊子（編著）　2007　『乳幼児・児童の心理臨床』　放送大学教育振興会
ウォルピ，J.　金久卓也（訳）　1977　『逆制止による心理療法』　誠信書房

第10章

安藤嘉奈子　2008　「コミュニケーションと言語概念形成」　岡田守弘（監修）『教師のための学校教育相談学』　ナカニシヤ出版
馬場禮子・永井徹（編）　1997　『ライフサイクルの臨床心理学』　培風館
土居健郎　1992　『新訂・方法としての面接』　医学書院
エリクソン，E.H.　村瀬孝雄・近藤邦夫（訳）　1989　『ライフサイクル，その完結』　みすず書房
原岡一馬　1990　『人間とコミュニケーション』　ナカニシヤ出版
東山紘久　2000　『プロカウンセラーの聞く技術』　創元社
Jung, C.G.　1933　"The Stages of Life. In The Collected Works of Carl G. Jung", Vol.8. Princeton: Princeton Univercity Press.
神田橋條治　1995　『追補・精神科診断面接のコツ』　岩崎学術出版社
加藤義明（編）　1987　『社会心理学』　有斐閣
國分康孝（編）　1992　『構成的グループ・エンカウンター』　誠信書房
國分康孝（監修）　1999　『エンカウンターグループで学級が変わる——ショートエクササイズ集』　図書文化社
國分康孝（監修）　2001　『エンカウンターグループで学級が変わる——ショートエクササイズ集　Part2』　図書文化社
厚生労働省　2014　「平成26年　患者調査の概況」
レビンソン，D.J.　南博（訳）　1992　『ライフサイクルの心理学（上・下）』　講談社
諸富祥彦　1999　『学校現場で使えるカウンセリング・テクニック（上・下）』　誠信書房
諸富祥彦・植草伸之（編）　2004　『保護者とうまくつきあう40のコツ』　教育開発研究所
村瀬嘉代子　2009　『新訂増補・子どもと大人の心の架け橋』　金剛出版
永井徹（監修）　2009　『中年期・老年期の臨床心理学』　培風館
岡元彩子　2008　「保護者・家庭への支援」　岡田守弘（監修）『教師のための学校教育相談学』　ナカニシヤ出版
岡本祐子　1995　「人生半ばを越える心理」　無藤隆他（編著）『老いることの意味』　金子書房
小野田正利　2009　『イチャモン研究会』　ミネルヴァ書房
リッチモンド，V.P. & マクロスキー，J.C.　山下耕二（編訳）　2006　『非言語行動の心理学』　北大路書房

Sommer, R. 1969 *"Personal space: The behavioral basis of design."* Englewood Cliffs, New Jersey: Prentice-Hall.
高橋伸二・八巻寛治（編著）　2003　『保護者会で使えるエンカウンター・エクササイズ』ほんの森出版
東京都教育庁指導部　2009　『公立学校における学校問題解決施策に関する実態調査』
東京都教育委員会　2010　『学校問題解決のための手引——保護者との対話を活かすために』
吉田圭吾　2007　『教師のための教育相談の技術』　金子書房

✓ 教育心理学のキーワード 102 をチェックしよう

[あ]
- ☐ アクティブ・ラーニング（active learning）
- ☐ アスペルガー症候群（Asperger's syndrome）
- ☐ アタッチメント（attachment）
- ☐ アニミズム（animism）
- ☐ アンダーマイニング効果（undermining effect）
- ☐ インプリンティング（imprinting）
- ☐ ウェクスラー式知能検査（Wechsler Intelligence Scale）
- ☐ オペラント条件づけ（operant conditioning）

[か]
- ☐ 外発的動機づけ（extrinsic motivation）
- ☐ カウンセリング・マインド
- ☐ 学習障がい（LD; learning disorders, learning disabilities）
- ☐ 学習性無力感（learned helplessness）
- ☐ 学力（academic achievement）
- ☐ カタルシス（catharsis）
- ☐ 学級がうまく機能しない状況
- ☐ 学級集団の形成（class group formation）
- ☐ 観点別評価（a point-by-point assessment of learning process）
- ☐ 帰属理論（attribution theory）
- ☐ 機能的自律（functional autonomy）
- ☐ 教員－生徒関係（teacher-pupil relationship）
- ☐ 境界人（marginal man）
- ☐ K-ABC心理教育アセスメントバッテリー（Kaufman Assessment Battery for Children; K-ABC）
- ☐ 形成的評価（formative evaluation）
- ☐ 傾聴（active listening）
- ☐ ゲス・フー・テスト（Guess Who Test）
- ☐ 限局性学習症（specific learning disorder）
- ☐ 言語的コミュニケーション（verbal communication）
- ☐ 構成的グループ・エンカウンター（structured group encounter）
- ☐ 心の理論（theory of mind）
- ☐ 個人内評価（intra-individual evaluation）
- ☐ 古典的条件づけ（classical conditioning）
- ☐ コンフリクト（conflict）

[さ]
- ☐ 作業検査法（performance test）

- ☐ シェマ（schema）
- ☐ 自己開示（self-disclosure）
- ☐ 自己概念（self-concept）
- ☐ 自己中心性（egocentrism）
- ☐ 実行機能（executive function）
- ☐ 疾風怒濤（[独] Sturm und Drang）
- ☐ 質問紙法（questionnaire method）
- ☐ 自閉スペクトラム症（ASD; autism spectrum disorder）
- ☐ 社会的促進（social facilitation）
- ☐ 社会的抑制（social inhibition）
- ☐ 集団規範（group norm）
- ☐ 準拠集団（reference group）
- ☐ 生涯発達（life-span development）
- ☐ 診断的評価（diagnostic evaluation）
- ☐ 信頼関係（rapport）
- ☐ 心理的離乳（psychological weaning）
- ☐ ストレス（stress）
- ☐ 絶対評価（absolute evaluation）
- ☐ 先行オーガナイザ（advance organizer）
- ☐ 総括的評価（summative evaluation）
- ☐ 相対評価（relative evaluation）
- ☐ ソシオグラム（sociogram）
- ☐ ソシオメトリック・テスト（Sociometric Test）

[た]

- ☐ 達成動機（achievement motivation）
- ☐ 短期記憶（short-term memory）
- ☐ 知的好奇心（epistemic curiosity）
- ☐ 知能（intelligence）
- ☐ 注意欠如・多動症（ADHD; attention-deficit/hyperactivity disorder）
- ☐ 中年期（middle age）
- ☐ 長期記憶（long-term memory）
- ☐ ディスレクシア（dyslexia）
- ☐ 同一性（identity）
- ☐ 投影法（projection method）
- ☐ 動機づけ（motivation）
- ☐ 道具的条件づけ（instrumental conditioning）
- ☐ 道徳性（morality）
- ☐ 特性論（personality trait theory）
- ☐ 閉ざされた質問（closed question）
- ☐ 徒党集団（gang group）

[な]

- ☐ 内発的動機づけ（intrinsic motivation）
- ☐ 喃語（babbling）
- ☐ 認知行動療法（cognitive behavioral therapy）

[は]

- ☐ 発達加速現象（developmental acceleration）
- ☐ 発達課題（developmental task）
- ☐ 発達曲線（growth curve）
- ☐ 発達障がい（developmental disorders）

教育心理学のキーワード 102 をチェックしよう

- ☐ ハロー効果（halo effect）
- ☐ 反抗期（negativistic age）
- ☐ ピグマリオン効果（Pygmalion effect）
- ☐ 非言語的コミュニケーション（non-verbal communication）
- ☐ 開かれた質問（opened question）
- ☐ 不適応（maladjustment）
- ☐ フラストレーション（frustration）
- ☐ プレイセラピー（play therapy）
- ☐ 防衛機制（defence mechanism）
- ☐ ポートフォリオ評価（portfolio assessment）
- ☐ 保存（conservation）

[ま]
- ☐ マイクロカウンセリング（microcounseling）
- ☐ 見立て（diagnosis）
- ☐ モラトリアム（moratorium）

[や]
- ☐ 有意味受容学習（meaningful reception learning）
- ☐ 有能感（competence）

[ら]
- ☐ 来談者中心療法（client-centered therapy）
- ☐ ラポール（rapport）
- ☐ リーダーシップ（leadership）
- ☐ 理想自己（ideal self）
- ☐ 類型論（personality typology）
- ☐ ルーブリック評価（rubric evaluation）
- ☐ 連携（collaboration）

✓ 教育心理学の**キーパーソン** 39人をチェックしよう

（アルファベット順）

- ☐ アトキンソン（Atkinson, J.W.）
- ☐ オーズベル（Ausubel, D.P.）
- ☐ ビネー（Binet, A.）
- ☐ ブルーム（Bloom, B.S.）
- ☐ ボウルビィ（Bowlby, J.）
- ☐ ブルーナー（Bruner, J.S.）
- ☐ デシ（Deci, E.L.）
- ☐ ドゥエック（Dweck, C.S.）
- ☐ エリス（Ellis, A.）
- ☐ エリクソン（Erikson, E.H.）
- ☐ フロイト（Freud, S.）
- ☐ ガードナー（Gardner, H.）
- ☐ ハーツホーン（Hartshorne, H.）
- ☐ ハヴィガースト（Havighurst, R.J.）
- ☐ アイビィ（Ivey, A.E.）
- ☐ ユング（Jung, C.G.）
- ☐ カウフマン夫妻（Kaufman, A.S. & N.L.）
- ☐ コールバーグ（Kohlberg, L.）
- ☐ 國分康孝（Kokubu, Y.）
- ☐ クレッチマー（Kretschmer, E.）
- ☐ レヴィンソン（Levinson, D.J.）
- ☐ ローレンツ（Lorenz, K.）
- ☐ 三隅二不二（Misumi, J.）
- ☐ モレノ（Moreno, J.L.）
- ☐ パブロフ（Pavlov, I.P.）
- ☐ ピアジェ（Piaget, J.）
- ☐ ロジャーズ（Rogers, C.R.）
- ☐ ローゼンタール（Rosenthal, R.）
- ☐ スキャモン（Scammon, R.E.）
- ☐ セリグマン（Seligman, M.E.P.）
- ☐ スキナー（Skinner, B.F.）
- ☐ スピアマン（Spearman, C.E.）
- ☐ シュプランガー（Spranger, E.）
- ☐ サイモンズ（Symonds, P.M.）
- ☐ ソーンダイク（Thorndike, E.L.）
- ☐ サーストン（Thurstone, L.L.）
- ☐ ウェクスラー（Wechsler, D.）
- ☐ ワイナー（Weiner, B.）
- ☐ ウォルピ（Wolpe, J.）

人名索引

ア行

アイビィ（Ivey, A.E.） 155
アトキンソン（Atkinson, J.W.） 102
アドラー（Adler, A.） 32
ウェクスラー（Wechsler, D.） 52, 83
ウォルピ（Wolpe, J.） 158
内田勇三郎 144
エインズワース（Ainsworth, M.D.S.） 135
エリクソン（Erikson, E.H.） 31, 169
エリス（Ellis, A.） 158
オーズベル（Ausubel, D.P.） 92

カ行

ガードナー（Gardner, H.） 83
カウフマン夫妻（Kaufman, A.S. & Kaufman, N.L.） 53
カルフ（Kalff, D.M.） 144
キャロル（Carroll, J.B.） 83
クレッチマー（Kretschmer, E.） 137
クレペリン（Kräpelin, E.） 144
ケーラー（Köhler, W.） 89
コールバーグ（Kohlberg, L.） 39
國分康孝 160
コッホ（Koch, K.） 143

サ行

サーストン（Thurstone, L.L.） 83
サイモンズ（Symonds, P.M.） 18
シェルドン（Sheldon, W.H.） 138
ジェンセン（Jensen, A.R.） 16
シュテルン（Stern, W.） 84
シュプランガー（Spranger, E.） 137, 139
スキナー（Skinner, B.F.） 88
スキャモン（Scammon, R.E.） 14
スターンバーグ（Sternberg, R.J.） 83
スピアマン（Spearman, C.E.） 83

セリエ（Selye, H.） 145
セリグマン（Seligman, M.E.P.） 103
ソーンダイク（Thorndike, E.L.） 88, 129

タ行

デシ（Deci, E.L.） 101
デュセイ（Dusay, J.M.） 142
ドゥエック（Dweck, C.） 106, 108
トールマン（Tolman, E.C.） 89

ハ行

ハーツホーン（Hartshorne, H.） 73
ハーロー（Harlow, H.F.） 97
バーン（Berne, E.） 142
ハヴィガースト（Havighurst, R.J.） 36
バッドリー（Buddeley, A.D.） 90
パブロフ（Pavlov, I.P.） 87
バンデューラ（Bandura, A.） 90
ピアジェ（Piaget, J.） 20, 39
ビネー（Binet, A.） 83
ブルーナー（Bruner, J.S.） 93
ブルーム（Bloom, B.S.） 114, 123
フロイト（Freud, S.） 38, 136, 146
ボウルビィ（Bowlby, J.） 17, 134
ホール（Hall, G.S.） 35
ポルトマン（Portmann, A.） 14

マ・ヤ行

マズロー（Maslow, A.H.） 96
マレー（Murray, H.A.） 143
三隅二不二 67
ミラー（Miller, G.A.） 90
モレノ（Moreno, J.L.） 72
ユング（Jung, C.G.） 136, 137, 144, 169

ラ・ワ行

レヴィン（Lewin, K.） 35, 146

レヴィンソン（Levinson, D.J.）　169
ローエンフェルド（Lowenfeld, M.）　144
ローゼンタール（Rosenthal, R.）　128
ローレンツ（Lorenz, K.）　16
ロジャーズ（Rogers, C.R.）　135, 154, 156
ワイナー（Weiner, B.）　104

事項索引

ア　行

愛着　⇒アタッチメント
アクティブ・ラーニング（active learning）　79, 93
アスペルガー症候群（Asperger's syndrome）　53
アタッチメント（愛着）（attachment）　17, 134
アニミズム（animism）　21
アンダーアチーバー（underachiever）　94, 113
アンダーマイニング効果（undermining effect）　100
イド（エス）（id；（独）es）　136
意味記憶（semantic memory）　91
インテーク面接（intake interview）　152
インプリンティング（imprinting）　16
ウェクスラー式知能検査（Wechsler intelligence scale）　52
内田クレペリン精神検査（Uchida-Kraepelin Performance Test）　144
うつ病（depression）　147
エコグラム（Egogram）　141, 142
エピソード記憶（episodic memory）　91
MMPI（ミネソタ多面性人格目録）（Minnesota Multiphasic Personality Inventory）　141
エンハンシング効果（enhancing effect）　101
応用行動分析（applied behavior analysis）　49, 56
オーバーアチーバー（overachiever）　94
置き換え（displacement）　146
オペラント条件づけ（operant conditioning）　88
オペラント反応（operant response）　88

カ　行

外向型（extrovert, extroversion）　139
外発的動機づけ（extrinsic motivation）　98
カウンセリング・マインド（counseling mind）　154
学業不振児　⇒アンダーアチーバー
学習（learning）　85
学習指導要領　78, 113, 121
学習障がい（LD; learning disorder, learning disabilities）　50
学習性無力感（learned helplessness）　104
学習の認知説（cognitive theory）　89
学習評価（learning evaluation）　113, 114
カタルシス（catharsis）　150, 157, 160
学級がうまく機能しない状況　65
学級集団の形成（class group formation）　63
感覚運動期（sensorimotor period）　20
環境閾値説（environmental threshold theory）　16
観察学習（modeling）　90
完全習得学習（mastery learning）　114
観点別評価（a point-by-point assessment of learning process）　121
帰属理論（attribution theory）　105
機能的自律（functional autonomy）　99
客観テスト（objective test）　125-127, 129, 130
教育相談（educational counseling）　150
教育評価（educational evaluation）　113, 130
教員－生徒関係（teacher-pupil relationship）　68
境界人（marginal man）　35
強化子（reinforcer）　88
共感的理解（empathic understanding）　154
具体的操作期（concrete operational period）　21

馴化（habituation） 85
形式的操作期（formal operational period） 22
継次処理（sequential processing） 52, 53
形成的評価（formative evaluation） 124, 130
傾聴（active listening） 178
系統的脱感作法（systematic desensitization） 158
K-ABC 心理教育アセスメントバッテリー（Kaufman Assessment Battery for Children） 53
ゲス・フー・テスト（Guess-Who Test） 73
結晶性知能（crystallized intelligence） 83
原因帰属（causal attribution） 104, 105
限局性学習症（specific learning disorder） 50
言語的コミュニケーション（verbal communication） 165, 166
現実自己（actual self） 135, 156
原始反射（primitive reflex） 13
効果の法則（law of effect） 88
高機能自閉症（high-functioning autism） 53
構成的グループ・エンカウンター（structured group encounter） 160, 175
行動療法（behavior therapy） 49
広汎性発達障がい（PDD; pervasive developmental disorders） 53
合理化（rationalization） 146
ゴーレム効果（golem-effect） 129
国際学習到達度調査（PISA; Programme for International Student Assessment） 80
心の理論（theory of mind） 54
個人内評価（intra-individual evaluation） 121, 122, 130
古典的条件づけ（classical conditioning） 86
コンフリクト（葛藤）（conflict） 146

サ 行

再生（recall） 93
再認（recognition） 93
作業記憶 ⇒ワーキングメモリ

作業検査法（performance test） 141, 144
三項随伴性（three-term contingency） 88
自我（ego） 136
自己一致（congruent） 155
自己開示（self-disclosure） 173
自己概念（self-concept） 28
自己中心性（egocentrism） 21
実行機能（executive function） 48, 55
疾風怒濤（Sturm und Drang（独）; storm and stress） 35
質問紙法（questionnaire method） 141
指導要録 114, 121
自閉症（autism） 53
自閉スペクトラム症（ASD; autism spectrum disorder） 53
社会的学習（social learning） 90
社会的促進（social facilitation） 62
社会的抑制（social inhibition） 62
集団規範（group norm） 62
守秘義務（confidentiality） 163
循環気質（cyclothymia） 138
準拠集団（reference group） 61
昇華（sublimation） 146
生涯発達（life-span development） 12
消去（extinction） 88
条件刺激（conditioned stimulus） 86
条件反応（conditioned response） 86
人格 ⇒パーソナリティ
人工知能（AI; artificial intelligence） 81
診断的評価（diagnostic evaluation） 123
心の外傷後ストレス障がい（PTSD; post-traumatic stress disorder） 148
信頼関係（rapport） 173 ⇒ラポール
心理社会的危機（psycho-social crisis） 31
心理的離乳（psychological weaning） 37
スタンフォード・ビネー検査（Stanford-Binet test） 84
ストレス（stress） 145
ストレス反応（stress reaction） 145
ストレッサー（stressor） 145
ストレンジ・シチュエーション法（strange situation procedure） 135
性格（character） 132

精神分析（psychoanalysis） 136
生徒指導（student guidance） 150
性別違和（gender dysphoria） 148
摂食障がい（eating disorder） 147
絶対評価（absolute evaluation） 118, 119, 121, 130
宣言的記憶（declarative memory） 91
先行オーガナイザ（advance organizer） 92
全国学力・学習状況調査 79
潜在学習（latent learning） 90
前操作期（preoperational period） 21
躁うつ気質（amphithymia） 138
総括的評価（summative evaluation） 124, 125, 130
相対評価（relative evaluation） 115, 117, 118, 121, 130
ソーシャルスキル・トレーニング（social skills training） 49, 56
ソシオグラム（sociogram） 72
ソシオメトリック・テスト（Sociometric Test） 72

タ 行

退行（regression） 146
代理強化（vicarious reinforcement） 90
多重知能理論（theory of multiple intelligence） 83
脱馴化（desensitization） 86
達成動機（achievement motivation） 102
田中ビネー式知能検査 84
短期記憶（short-term memory） 90
知性化（intellectualization） 146
知的好奇心（epistemic curiosity） 109
知能（intelligence） 82
知能観（theories of intelligence） 106
知能検査（intelligence test） 83, 113
知能指数（IQ; intelligence quotient） 84
知能の三層説（three-stratum theory of intelligence） 83
知能の三本柱理論（triarchic theory of intelligence） 83
知能の多因子説（multiple factor theory of intelligence） 83
知能の二因子説（two-factor theory of intelligence） 83
チャンク（chunk） 90
注意欠如・多動症（ADHD; attention deficit/hyperactivity disorder） 46
中年期（midlife） 168
長期記憶（long-term memory） 91
超自我（super-ego） 136
TAT（主観統覚検査）（Thematic Apperception Test） 142, 143
定位反射（orienting reflex） 87
TEACCH（Treatment and Education of Autistic and related Communication handicapped Children） 56
ディスレクシア（dyslexia） 51, 53
手続き的記憶（procedural memory） 91
転移（transference） 146
同一視（identification） 146
同一性（identity） 32
投影（projection） 146
投影法（projection method） 141, 142
動機づけ（motivation） 95
道具的条件づけ（instrumental conditioning） 86
統合失調症（schizophrenia） 147
洞察学習（insight learning） 89
同時処理（simultaneous processing） 52, 53
到達度評価（criterion-referenced evaluation） 118, 119
道徳性（morality） 38
逃避（escape） 146
ドーパミン（dopamine） 48
特性論（trait theory） 137, 140
閉ざされた質問（closed question） 155, 178
徒党集団（gang group） 70

ナ 行

内向型（introvert, introversion） 139
内発的動機づけ（intrinsic motivation） 97
喃語（babbling） 23

二次障害（secondary disabilities） 57
認知行動療法（cognitive behavioral therapy） 49, 157
認知地図（cognitive map） 90

ハ行

パーソナリティ（personality） 133
バウム・テスト（樹木画テスト）（Baum Test（独）；tree drawing test） 142, 143
箱庭技法（sandplay） 142, 143
発見学習（discovery learning） 93
発達加速現象（developmental acceleration） 15
発達課題（developmental task） 36
発達曲線（growth curves） 14
発達障がい（developmental disorder） 45
パフォーマンス評価（performance evaluation） 127, 128
パブロフ型条件づけ（pavlovian conditioning） 88
ハロー効果（halo effect） 129, 130
反抗期（negativistic age） 30
反動形成（reaction formation） 146
PFスタディ（絵画－欲求不満検査）（Picture Frustration Study） 142
ピグマリオン効果（Pygmalion effect） 128-130
非言語的コミュニケーション（nonverbal communication） 165, 166
非宣言的記憶（non-declarative memory） 91
ビッグ・ファイブ（Big Five factor of personality） 140
否認（denial） 146
描画法（drawing methods） 142
開かれた質問（opened question） 155, 178
不安障がい（anxiety disorder） 147
符号化特定性原理（encoding specificity principle） 93
不適応（maladjustment） 147
フラストレーション（欲求不満）（frustration） 145

プルースト効果（Proust effect） 93
プレイセラピー（play therapy） 160
文章完成法テスト（SCT；Sentence Completion Test） 142
ペアレント・トレーニング（parent training） 49, 56
偏差IQ（deviation intelligence quotient） 84
防御機制（defense mechanism） 146
ポートフォリオ評価（portfolio assessment） 122
保存（conservetion） 22

マ行

マイクロカウンセリング（microcounseling） 155
マインドフルネス（mindfulness） 159
マジカルナンバー7±2（magical number 7±2） 90
マターナル・デプリベーション（maternal deprivation） 20, 134
見立て 151, 163
無条件刺激（unconditioned stimulus） 86
無条件の肯定的関心（unconditional positive regard） 154
無条件反応（unconditioned response） 86
モラトリアム（moratorium） 32

ヤ行

有意味受容学習（meaningful learning） 91
誘因（incentive） 96
有能感（competence） 98, 102
抑圧（repression） 146
欲求階層説（theory of needs hierarchy） 96

ラ行

来談者中心療法（client-centered therapy） 156
ラポール（rapport） 153
リーダーシップ（leadership） 66

理想自己（ideal self）　135, 156
リハーサル（rehearsal）　90
流動性知能（fluid intelligence）　83
類型論（personality typology）　137-139
ルーブリック評価（rubric evaluation）　119, 127
レスポンデント条件づけ（respondent conditioning）　88
レディネス（readiness）　123
連携（collaboration）　162
連合学習（association learning）　85
ロールシャッハ・テスト（Rorschach Test）　142
論述テスト（essay-type test）　126
論理療法（rational therapy）　158

ワ　行

ワーキングメモリ（working memory）　48, 49, 53, 90
YG性格検査（矢田部ギルフォード性格検査）（Yatabe-Guilford Personality Inventory）　141

編　者

古川　聡　国立音楽大学

執筆者〈執筆順，（　）内は執筆担当箇所〉

古川　聡　　　　（第1・2章）編者
和田由美子　　　（第3章）九州ルーテル学院大学人文学部
今岡多恵　　　　（第4章）常葉大学教育学部
安部博史　　　　（第5章）国立音楽大学音楽学部
齊藤　崇　　　　（第6章）淑徳大学総合福祉学部
川﨑勝義　　　　（第7章）星薬科大学薬学部
藤原善美　　　　（第8章）茨城キリスト教大学文学部
渡辺俊太郎　　　（第9章）大阪総合保育大学児童保育学部
齋藤実花　　　　（第10章）共立女子大学学生相談室

教育心理学をきわめる10のチカラ〔改訂版〕

2019 年 3 月 1 日　初版第 1 刷発行
2023 年 11 月 15 日　　　第 5 刷発行

編著者　　古川　　聡
発行者　　宮下　基幸
発行所　　福村出版株式会社
〒113-0034　東京都文京区湯島 2-14-11
電話　03-5812-9702　FAX　03-5812-9705
https://www.fukumura.co.jp
印刷・製本　中央精版印刷株式会社

ⒸSatoshi Furukawa　2019
Printed in Japan
ISBN978-4-571-22057-9
乱丁本・落丁本はお取替え致します。
定価はカバーに表示してあります。

福村出版◆好評図書

安部博史・野中博意・古川 聡 著
脳から始めるこころの理解
●その時，脳では何が起きているのか

◎2,300円　ISBN978-4-571-21039-6　C3011

こころに問題を抱えている時，脳で何が起こっているのか。日頃の悩みから病まで，こころの謎を解き明かす。

善明宣夫 編著
学校教育心理学〔改訂版〕

◎2,300円　ISBN978-4-571-22052-4　C3011

学力低下やいじめ等，複雑で高度化する問題にどう対応すべきか。実践的指導力が必要な現代の教師用に改訂。

藤田主一・齋藤雅英・宇部弘子 編著
新 発達と教育の心理学

◎2,200円　ISBN978-4-571-22051-7　C3011

発達心理学，教育心理学を初めて学ぶ学生のための入門書。1996年初版『発達と教育の心理学』を全面刷新。

藤田主一・齋藤雅英・宇部弘子・市川優一郎 編著
こころの発達によりそう教育相談

◎2,300円　ISBN978-4-571-24067-6　C3011

子どもの発達に関する基礎知識，カウンセリングの理論・技法，学校内外の関係者との協働について解説。

松浪健四郎 監修／齋藤雅英・宇部弘子・市川優一郎・若尾良徳 編著
「自己指導能力」を育てる生徒指導
●一人一人の自己実現を支援する

◎2,600円　ISBN978-4-571-10202-8　C3037

改訂版生徒指導提要に準拠した教科書。性の問題，多様な背景を持つ児童生徒への対応など新しい課題を網羅。

山崎勝之 編著
日本の心理教育プログラム
●心の健康を守る学校教育の再生と未来

◎2,700円　ISBN978-4-571-22061-6　C3011

子どもの心の健康と適応を守るための心理教育プログラム。学校での恒常的安定実施への壁とその突破口を探る。

渡辺弥生・小泉令三 編著
ソーシャル・エモーショナル・ラーニング（SEL）
非認知能力を育てる教育フレームワーク

◎2,600円　ISBN978-4-571-10198-4　C3037

子どもの感情と社会性を育む国際的教育活動「SEL」の概要・導入・アセスメント・日本の実践例を紹介。

◎価格は本体価格です。